BANQUETE

PLATÓN

BANQUETE

Altamira

Colección de filosofía
Dirigida por Mario Casalla

Traducción y notas:
Luis Gil

Introducción general y estudio preliminar:
Claudia T. Mársico

© Grupo Editor Altamira
  Santa Magdalena 635
  Buenos Aires, Argentina
  ☎ (54-11) 4302-2014
          4303-2065

Diseño: Cutral
Diseño de tapa:

I SBN 987-9423-40-2

Impreso en la Argentina
Printed in Argentina

Introdución general a Platón

Las obras platónicas del período de madurez se cuentan entre los trabajos más leídos de este autor ya desde tiempos antiguos. Este lugar preeminente hace que muchas veces sea a través de ellas que muchos estudiantes y lectores en general acceden a la obra platónica. Es en vistas de esta realidad que este estudio preliminar ofrece varios niveles de lectura: por un lado información básica de interés para quien se inicia en la lectura de Platón, y por otro, consideraciones que puedan resultar un aporte para aquellos que estén ya más familiarizados con sus textos. A estos efectos la sección introductoria incluye una biografía y una reseña de las obras platónicas prestando especial atención a las cuestiones de periodización, a la vez que un cuadro cronológico en el que constan referencias a episodios sociopolíticos y culturales con los que Platón interactuó, elementos todos que pueden servir para una mejor intelección del estudio dirigido al diálogo platónico en particular.

Biografía

Los datos biográficos de la mayoría de los autores de la tradición clásica se han conservado en fuentes tardías pertenecientes a la tradición doxográfica, como por ejemplo las *Vidas de filósofos famosos* de Diógenes Laercio, y no siempre son confiables. En el caso de Platón, sin embargo, poseemos además indicaciones autobiográficas. Algunas pocas pueden colegirse a partir de breves comentarios de los diálogos, pero son muy escuetas para sentar sobre ellas las bases de un estudio exhaustivo. Existe, no obstante, un testimonio de orden diferente, el de las *Car-*

tas, y entre ellas muy especialmente la *Carta VII*, escrita supuestamente por Platón en su avanzada madurez. Además de presentar algunas interesantes cuestiones doctrinales, relata su itinerario intelectual en lo que respecta a la política y los avatares que le deparó su intento de poner en práctica su proyecto en Sicilia. La autenticidad de esta carta ha encontrado defensores y detractores, pero, incluso quienes niegan que sea efectivamente de Platón, han reconocido que en lo que a datos se refiere constituye un testimonio muy coherente con el momento histórico. El testimonio de la *Carta VII*, entonces, en el caso de ser apócrifa, debe de haber sido redactada por alguien muy cercano a él y pierde, por esto, poco de su valor testimonial[1].

Teniendo en cuenta los datos disponibles acerca de la vida de Platón, es posible delinear una corta biografía como sigue: Platón nació en Atenas o la cercana isla de Egina alrededor del 427 a.C. Su familia era de alta alcurnia; las fuentes tardías hacen descender a su madre de Solón y a su padre del mismo Codro, personaje de la mitología ligado a los orígenes de Atenas. En este sentido, abundan los testimonios del mismo Platón referentes a las glorias de sus antepasados y también a sus parientes cercanos que aparecen como personajes centrales en varios diálogos. Así, Critias y Cármides, sus tíos, dan nombre a dos de sus obras, y Glaucón y Adimanto, sus hermanos, son los interlocutores de Sócrates en la *República*. Suele hacerse notar que el cuño aristocrático de la familia de Platón está en consonancia con la actuación política de sus tíos, los antes mencionados Critias y Cármides, que participaron del gobierno oligárquico de los Treinta tiranos que tomó el poder en el 404, tras la caída de Atenas ante Esparta en la guerra del Peloponeso. E incluso ha habido quien interpretó que son estas raíces las que están a la base de las tendencias 'espartanófilas' que se insinúan en los escritos políticos platónicos.

Hay elementos, sin embargo, que sirven de contrapeso a estos datos y ligan la actitud platónica con otros principios. Por una parte, en cuanto a las tendencias políticas familiares, si bien hay representantes netos del partido oligárquico, también los hay del democrático. Su padrastro era un reconocido integrante del partido democrático que llegó al extremo de llamar a su hijo Demos, 'pueblo'. Por otra, el testimonio de la *Carta VII* permite colegir que Platón adoptó frente a los acontecimientos políticos de su época una actitud muy reflexiva e independiente que lo llevó a apartarse tanto de los excesos de los oligárquicos como de los cometidos luego por la restauración democrática. Una tendencia profunda lo condujo, sin embargo, no a la decepción sino a considerar la posibilidad de idear un modelo que evitara –o apuntara a evitar–, por su misma constitución, estos excesos. Este modelo es el que volcó en sus escritos políticos y el que intentó llevar a la práctica a través de los fallidos contactos con los gobernantes siracusanos.

El joven Platón recibió sin duda una educación esmerada, propia de su clase y tuvo, a lo largo de su vida, contacto con numerosas corrientes de pensamiento. Dentro de la sofística parece haber seguido por un tiempo al sofista Crátilo, un pensador de corte heraclíteo que habría dejado huellas en su producción posterior. Las fuentes vacilan en afirmar si el acercamiento a Crátilo se dio en su temprana juventud (DL III 6) o tras la muerte de Sócrates (Aristóteles, *Metafísica* I 6, 987a), que fue sin duda quien ejerció sobre él mayor influencia, tanto en el plano de lo vital como en el de lo teórico. Con casi veinte años, Platón se convirtió en su discípulo, configurando una relación que se mantuvo cerca de diez años, hasta que se produjo el juicio en el que se acusó a Sócrates de corromper a la juventud y no creer en los dioses de la ciudad, tal como Platón relata en la *Apología de Sócrates*, y sobrevino luego, dada su negativa a huir de la cárcel, como se describe en el *Critón*, su ejecución en el 399. Tras este episodio, que sin duda dejó profundas marcas en Platón, comenzó un período de viajes en los cuales conoció a notables personajes. Respecto de los destinos e itinerarios, las fuentes difieren notablemente, pero puede colegirse que probablemente estuvo en Megara, donde se habría encontrado con Euclides, otro discípulo de Sócrates y también en Cirene. Las fuentes refieren además viajes a Egipto y tal vez a Sicilia.

Lo cierto es que a juzgar por la *Carta VII* (326bss), en este momento o poco más tarde, Platón viajó a Italia donde conoció a los pitagóricos Filolao y Arquitas, este último gobernante de Tarento. Este viaje habría estado influido por su relación con Dion, sobrino del tirano de Siracusa, Dionisio I, a quien Platón intentó convencer para aplicar las reformas políticas que venía ideando y que probablemente hayan coincidido con las que plasmó en la *República*. El fin de esta aventura se cuenta entre las peripecias más curiosas en las historias de los filósofos, ya que tras ganarse la animadversión de Dionisio, tal vez por sus críticas a las costumbres desenfrenadas de la corte, el tirano lo forzó a embarcar en una nave que hizo escala en el puerto de Egina, que en ese momento estaba en guerra contra Atenas, razón por la cual Platón fue vendido como esclavo. Un rapto de buena suerte hizo que un cirenaico lo reconociese, y tras pagar el rescate lo liberase. Sin éxito, pero libre, entonces, volvió a Atenas y fundó una escuela en un lugar en las afueras de la ciudad en el que había un templo dedicado al héroe Academo, de donde tomó el nombre de Academia. En esta institución, a la que con rasgos de anacronismo suele llamarse la primera Universidad de Occidente, convivían maestros y discípulos, en consonancia con el *status* legal de la escuela, que era el de una asociación o hermandad (*thíasos*) dedicada al culto de las Musas. No hay descripciones pormenorizadas de la vida en la Academia, pero son numerosas las características que pueden inferirse a partir de referencias de la obra platónica –sobre todo en *Leyes*–, entre las cuales podemos resaltar el hecho de la importancia asignada a las comidas compartidas (*syssitíai*) y que puede tener incluso un eco en la estructura dramática del *Banquete*, del mismo modo que parece haberse impuesto la discusión filosófica sujeta a reglas.

En lo que a las relaciones de Platón con Sicilia se refiere, si bien su propuesta política no tuvo eco en Dionisio I, su voluntad de llevar a la práctica su proyecto y quizá también la insistencia de Dion lo llevaron a repetir el intento en Siracusa, después de la muerte de Dionisio I, con su hijo y sucesor Dionisio II. En el 367 Platón deja la Academia y marcha hacia Siracusa donde el nuevo gobernante lo recibe amablemente y parece en principio entusiasmado con sus enseñanzas, pero revela luego muchos recelos respecto de Platón. El panorama se complica con el destierro de Dion y la precaria condición en que queda Platón en la corte siracusana, en la que durante un tiempo es poco más que un prisionero. Dionisio II envía finalmente a Platón de vuelta a Atenas, pero no cumple su promesa de admitir el regreso de Dion. En el 361 Dionisio II invita a Platón a volver a Siracusa y tras muchas dudas éste accede con la esperanza de que Dionisio hubiera modificado sus actitudes y fuera posible, entonces, poder interceder favorablemente en la causa de Dion. Ninguna de estas cosas sucedió, sino que, por el contrario, Dionisio mantuvo a Platón en Sicilia contra su voluntad y sólo la intercesión de Arquitas, gobernante de la vecina Tarento, hizo que finalmente lo liberara. En lo que a Dion se refiere tomó medidas aún más drásticas que culminaron en una guerra civil, después de que Dion organizara un ejército en el que participaron también amigos y discípulos de Platón. Con este ejército logró la toma del poder, pero sólo lo conservó por tres años, hasta que fue asesinado.

Los últimos años de Platón transcurrieron en la Academia, que se vio enriquecida con el ingreso de una pujante generación de jóvenes entre los que se contaban Aristóteles y el matemático Eudoxo, hecho que puede haber estado a la base de las revisiones críticas a las que son sometidas las doctrinas planteadas en los diálogos de madurez. Los fracasos sufridos en el terreno político, por otra parte, probablemente hayan sido el origen de la actitud más conservadora que manifiestan las últimas obras respecto de la capacidad humana de producir cambios radicales en la organización social, derivada de las dificultades para captar el bien.

Tras la muerte de Platón en el 347 a la edad de 80 años, la Academia quedó bajo la dirección de su sobrino Espeusipo. Dentro de la escuela se desarrolló pronto un culto al fundador que culminó en las tradiciones que encontramos en fuentes tardías y que refieren a su origen divino [2].

Obras

La obra de Platón es especial por muchos motivos y uno de ellos es que posee una característica inusitada en los pensadores antiguos: la tradición la conservó íntegra. En un ámbito donde las obras de los llamados presocráticos está constituida por fragmentos extraídos de obras tardías, donde la mayoría de las tragedias de los tres grandes trágicos se han perdido, así como todos los "diálogos" del período inicial de la obra de Aristóteles, el caso de la producción platónica es una feliz excepción. Por otra parte, sí ha sido afectada por otro fenómeno habitual en la antigüedad que se relaciona con su autenticidad y que suele denominarse 'plagio invertido', esto es, la atribución de una obra apócrifa a un autor renombrado como medio para conseguir para ella segura aceptación. Esto provoca un incremento en la cantidad de obras que la tradición transmite bajo el nombre de un autor, y la consecuencia necesaria es que en cuanto se detecta que algunas obras son producto de este plagio invertido, inmediatamente se cierne un manto de duda sobre el conjunto de la obra, de modo que es preciso analizar cada una y someter a juicio su autenticidad. Esto es lo que ha sucedido históricamente con los estudios de la obra platónica y podría decirse que prácticamente todos los diálogos han sido sospechados en algún momento por algún exégeta.

Hoy en día se ha llegado a un cierto consenso que separa las obras auténticas de las que no lo son y las estructura según el período de la vida de Platón en que fueron compuestas. Esta periodización es especialmente importante en la obra platónica dadas las características del pensamiento de su autor, siempre en continuo cambio y reelaboración. Suelen reconocerse tres períodos correspondientes a la juventud, la madurez y la vejez. La fecha divisoria entre los dos primeros períodos suele establecerse en el 367, fecha de la vuelta de Platón a Atenas tras el primer viaje a Sicilia, y veinte años después, en el 347, fecha del segundo viaje a Sicilia, se fija habitualmente la que separa las obras de madurez de las de vejez.

Entre los diálogos de juventud podemos contar obras como *Ion, Hipias Menor, Laques, Lisis, Cármides,* tal vez *Hipias Mayor,* si es considerado auténtico, *Protágoras,* y los referidos al proceso de Sócrates: *Apología, Critón* y *Eutifrón.* Los diálogos de madurez tienen dos grupos bien diferenciados, uno formado por obras que de algún modo pueden ser considerados 'de transición', en el que se cuentan *Menón, Eutidemo, Menéxeno, Gorgias* y *Crátilo,* y otro grupo formado por *Fedón, República, Banquete* y *Fedro,* en el que se reconocen similitudes temáticas y de estilo, si bien en el caso de *Fedro* están presentes características que lo colocan en el límite con las obras de vejez, ya que contiene el desarrollo de problemas propios de ese grupo. En los diálogos de vejez podemos reconocer del mismo modo dos estadios, de manera que el *Parménides* y el *Teeteto,* compuestos probablemente antes del tercer viaje a Sicilia, pueden considerarse diálogos de transición entre la madurez y la vejez junto con el *Fedro,* sólo que en éste prevalecen los rasgos de madurez, mientras que en aquellos están más marcados los que corresponden a las temáticas de vejez. Los diálogos propiamente de vejez seríar entonces *Sofista, Político, Filebo, Timeo, Critias* y *Leyes,* la última de sus obras, según sabemos por el testimonio de Diógenes Laercio, que quedó inconclusa.

En cuanto a las características de estos períodos, es posible afirmar respecto de los diálogos de juventud que son obras con rasgos muy precisos y definibles. Suele decirse que fueron compuestos tras la muerte de Sócrates, en la suposición de que Platón no habría retratado a Sócrates en vida y tal vez por influencia de la anécdota tradicional que afirma que Platón escribió en su temprana juventud varias tragedias que quemó cuando comenzó a seguir a Sócrates. Este relato se interpretó como un rechazo de la escritura quizá del mismo tipo que hizo que su maestro nunca sintiera la necesidad de volcar sus experiencias o enseñanzas por escrito y optara por la práctica oral de la filosofía. Hay sin embargo testimonios que refieren a escritos platónicos en vida de Sócrates, como el de Diógenes Laercio III.35 que presenta a Sócrates quejándose del retrato que Platón hace de él en el *Lisis*, por lo cual no hay en realidad razones de peso para descartar que la redacción de diálogos haya comenzado antes del 399. La influencia socrática en estos diálogos es determinante, razón por la cual son habitualmente utilizados como fuente para intentar la reconstrucción del perfil del Sócrates histórico, hasta donde es ello posible.

Esta etapa, que, como hemos dicho, se da por concluida con el primer viaje de Platón a Italia y Sicilia, se caracteriza por el uso de la dialéctica como metodología propiamente filosófica, entendida como procedimiento de diálogo sobre un tema central mediante preguntas y respuestas en el que se avanza sobre el consenso del interlocutor[3]. Es de notar que estos diálogos son aporéticos, es decir que no se arriba en ellos a ninguna conclusión cierta sino que se limitan a destruir las certezas de sentido común que presentan los interlocutores de Sócrates. En relación con este punto ha surgido ya en la antigüedad la interpretación según la cual lo que Sócrates buscaba eran definiciones universales en torno de nociones éticas. En efecto, así lo entiende Aristóteles y con él buena parte de la tradición. Es de notar, sin embargo, que en estas obras nunca se arriba a ninguna defini-

ción, y si de universales se trata, lo único que puede concluirse
es que Sócrates apunta a algo distinto de los casos individuales.
El carácter aporético bien podría entenderse en el sentido de la
imposibilidad de arribar a algún tipo de definición, y en ese
caso sería preciso buscar el objetivo socrático en otro lado. Eggers
Lan (1998, p. 139ss.) hace notar que la insistencia socrática,
explicitada por otra parte en la *Apología*, está puesta en demostrar la necesidad de que los hombres reconozcan humildemen-
te su ignorancia, objetivo hacia el cual estaría dirigida la práctica dialéctica. Es preciso resaltar, sin embargo, que estas obras
del período de juventud configuran de algún modo la línea
intelectual que culminará en la postulación de la Teoría de las
Ideas, el elemento que dará una respuesta al interrogante que
aparece sistemáticamente en los primeros diálogos.

El segundo período se inicia con el primer viaje a Sicilia,
alrededor del 387a.C., época en que Platón contaba con 40 años.
Este momento coincide además con la fundación de la Academia y se extiende entre 15 y 20 años, hasta alrededor del 367,
fecha del segundo viaje a Sicilia. En esta etapa Sócrates conti-
nua siendo el protagonista indiscutido de los diálogos e incluso
algunos de ellos, como *Fedón* y *Banquete,* se cuentan entre los
que mejor delinean su personalidad. Una novedad sustantiva
es que desaparecen los finales aporéticos, algo que está en relación con la ampliación de perspectivas teóricas por parte de
Platón que se ve a la vez reflejada en el interés que le despiertan
ahora las cuestiones cosmológicas y metafísicas, aspectos que
en el período anterior le merecían reproches o referencias iróni-
cas. Podemos enumerar tres características centrales de esta etapa: la novedad en el tratamiento del problema gnoseológico en
relación con la Teoría de la Ideas, el problema de la muerte, que
aparece tratado repetidamente desde distintas perspectivas, y
la depuración del estilo literario.

El primer punto se cuenta entre los principales aportes de
Platón a la historia de la filosofía, y se trata de una postulación

que ha generado un sinnúmero de polémicas y malentendidos. La síntesis escolar de la Teoría de las Ideas afirma que Platón planteaba una doble dimensión metafísica en la cual existirían un mundo sensible y un mundo inteligible. El primero sería sede de la experiencia de los sentidos e incluiría a los objetos y a los hombres y los seres corpóreos en general. Mientras en el segundo morarían las Ideas –del griego *eîdos* 'forma'–, realidades perfectas, eternas e incorruptibles que constituyen el respaldo ontológico de los entes del mundo sensible cuya realidad, comparada con las de las Ideas, es sólo aparente, esto es, tienen mucha menor densidad metafísica que aquéllas. Respecto de esta doctrina, en efecto, es importante plantear la cuestión de qué es lo que puede haber llevado a Platón a postular la existencia de realidades o cosas en sí diferentes de las cosas concretas que son objeto de la experiencia sensible. La respuesta está tal vez en la sugerencia que le ofrecían las matemáticas y su postulación de entidades perfectas de las cuales las figuras geométricas tangibles son instanciaciones imperfectas. La semejanza entre estas instanciaciones y las entidades perfectas está dada, en parte, en que las primeras tienden a, intentan imitar sin lograrlo, la perfección de las segundas. Así, en *República* VI 510d-e Platón se refiere al Cuadrado en sí y a la Diagonal en sí, como radicalmente distintos a los cuadrados y diagonales de la experiencia sensible. No es difícil entender cómo a partir del ejemplo de esta relación Platón puede haber concebido la existencia de realidades ya no de índole matemático sino de índole metafísico que funcionaran respecto de las virtudes éticas como las formas geométricas puras funcionan respecto de las formas geométricas concretas, esto es, como paradigmas que se constituyen en parámetros organizadores de la realidad. Así, en las diferentes obras del período de madurez se ocupa de distintas Ideas –la de Bien en *República*, la de Amor en *Banquete*, entre otras–. Estas Ideas no son corpóreas, aunque el lenguaje mítico que suele caracterizar las obras de esta etapa ha confundido a menudo a los exégetas, puesto que a veces se dice que las Ideas existen en el Hades, esto es, bajo tierra, como en el *Fedón*, pero luego en el *Fedro* se dice que habitan el cielo, el lugar supraceleste, todo esto junto con afirmaciones que permiten afirmar la inutilidad del intento de localizarlas en algún lugar ya que no poseen corporalidad y su existencia está sustraída a la noción de espacio. Por esta razón podría decirse que son trascendentes al hombre, en tanto encarnan un modelo paradigmático de perfección, pero no hay pasajes de la obra platónica que justifiquen la postulación de 'dos mundos' separados, uno de las ideas y otro sensible. Lo que sí se produce, sin duda, incluso si desechamos la división en 'dos mundos', es un dualismo metafísico que conlleva a la vez un dualismo gnoseológico, ya que el modo de conocer los objetos del mundo sensible resultará radicalmente distinto del modo en que es posible acceder a los objetos del ámbito de las Ideas.

El segundo punto característico de las obras de madurez es el interés de Platón por el problema de la muerte. Es de notar que recién en esta etapa dedica una obra a relatar los últimos momentos de la vida de Sócrates. Más allá de que podamos pensar que la situación dramática es sólo una excusa y que probablemente haya tenido poco que ver con el episodio original, es llamativo que elija este motivo y que la temática de la muerte y la posibilidad de la vida después de ella, que en *Apología* le merecía poco menos que burlas (*Ap.* 40e-41c), ahora lo convoque por entero y lo lleve a postular la inmortalidad del alma. Todo indica que el punto de inflexión fueron las experiencias que atravesó en su viaje a Italia y especialmente el contacto con los grupos pitagóricos de esa zona a los que pertenecían Filolao y Arquitas, gracias a los que posiblemente haya tenido la posibilidad de acceder a ritos iniciáticos y purificaciones orientados a permitir el acceso a una espiritualidad más elevada. En relación con esto están sin duda los mitos característicos de este período y especialmente los mitos escatológicos, tal como pueden observarse en el *Gorgias*, el *Fedón*, la *República* y el *Menón*. En una obra reciente P. Kingsley ha rastreado la presencia de elementos pitagóricos en el mito final del *Fedón*, aportando importantes testimonios que avalan esta línea de interpretación (1997, cap. II).

El tercer punto está inextricablemente unido al anterior, en el sentido de que las nuevas preocupaciones generan la necesidad de arbitrar modificaciones en el modo de presentar el contenido de las nociones que Platón intentaba comunicar. El estilo dialógico se mantiene pero sufre grandes cambios, ya que frente a porciones del texto que remedan el diálogo callejero al estilo de las obras del primer período, encontramos otros pasajes que inauguran un estilo totalmente nuevo en el que brillan las dotes literarias de la imaginación platónica, e incluso asistimos a obras completas, de lo cual son ejemplos cabales el *Banquete* y el *Fedro*, en las cuales la maestría en el lenguaje es un elemento prevalente. La aparición de mitos, relatados con sumo talento, colabora para darle a los diálogos de este período el brillo que los coloca entre las grandes obras de la literatura de todos los tiempos. Se ha visto a menudo, además, el lazo profundo entre estas ansias de perfección formal en lo literario y la intención de comunicar la postulación de las Ideas, entidades perfectas e incorruptibles que constituyen el respaldo ontológico de la realidad. Si esto es así, probablemente Platón haya juzgado que entidades de tal clase merecían ser presentadas en la mejor de las prosas posibles.

El período de vejez comienza alrededor del año 367, fecha del segundo viaje a Sicilia y concluye con la muerte de Platón en el 347 a.C. Respecto de las obras de este período, hay algo que se percibe inmediatamente y es el notorio cambio de estilo. No sólo la figura de Sócrates va perdiendo protagonismo, sino que desaparecen los mitos escatológicos –lo cual muestra un decaimiento de su interés por el tema de la muerte y el destino del alma–. Por otra parte, la forma dialógica es cada vez más aparente y esconde una sucesión de exposiciones monológicas, a la vez que hay un mucho menor cuidado por las cuestiones literarias, en lo que puede interpretarse como un primer paso hacia la constitución de un discurso propiamente filosófico diferente del literario que se consagrará finalmente en la obra de Aristóteles. El descuido de los aspectos literarios tal vez haya sido acentuado por el cambio de perspectiva respecto de la Teoría de las Ideas, que si bien no ha sido abandonada, es sometida en el último período a revisiones de muchos de sus detalles. En cierto sentido podríamos decir que a una etapa de sumo entusiasmo dedicada a presentar la verdad hallada, se sucede una etapa en la que esta verdad es examinada detenidamente a efectos de perfeccionarla y evitar los inconvenientes que pudiese haber presentado en su formulación original.

En efecto, podríamos subrayar, en lo que hace a la evolución de la Teoría de las Ideas, un intento creciente por superar el dualismo metafísico que plantea la postulación de tales entidades a través de elementos mediadores. Esta mediación, que estaba encarnada en las obras de madurez por el filósofo, adquiere ahora características diversas y ya no es confiada a un hombre sino a entidades de orden superior, como el alma del mundo. Por otra parte, asistimos a un creciente interés por el problema de la percepción sensible, lo cual trae aparejado un reexamen y una nueva valoración de la obra de autores presocráticos y sus preocupaciones físicas y cosmológicas.

Respecto de la obra de Platón existe una cuestión que no es prudente pasar por alto y que se refiere a la tesis sobre las enseñanzas orales de Platón. Durante largo tiempo se había advertido que el estudio de la tradición indirecta permitía afirmar la existencia de cuestiones que los autores posteriores atribuían a Platón, pero que no estaban presentes en los diálogos. La constitución de una línea exegética fue tomando forma y durante la década del '60 se consolidó lo que se llama la escuela de Tubinga. Este grupo de intérpretes se nucleó tras la tesis de que el rol preponderante que Platón asignaba a la oralidad, atestiguado en el *Fedro* 275a ss. y la *Carta VII*, había determinado que estas doctrinas, que no están presentes en la tradición directa, fueran excluidas de ella *conscientemente* por Platón, con lo cual la tradición indirecta se convierte en el único resquicio donde podría atisbarse la verdadera doctrina platónica. Según esta línea los diálogos se convierten en un sucedáneo escrito para el público pero en el cual se han silenciado los conceptos nucleares que nutrían la filosofía platónica. Las voces en contrario no tardaron en hacerse oír y propusieron diversos argumentos para oponerse a esta lectura reduccionista y reponer a los diálogos en su lugar tradicional de legítima fuente del pensamiento de Platón. No es éste el lugar idóneo para explayarnos en los argumentos de unos y otros, pero podemos subrayar, en suma, que más allá de la llamada de atención sobre el valor de la tradición indirecta para la interpretación cabal de la doctrina general, los testimonios de esta tradición no logran oscurecer la coherencia y la riqueza conceptual de las obras conservadas, por lo cual la tesis de la escuela de Tubinga no ha logrado fragmentar los estudios platónicos y los diálogos siguen teniendo la última palabra[4].

Vida de platón	Acontecimientos políticos	Acontecimientos culturales
431	Comienzo de la guerra del Peloponeso entre los bandos comandados por Atenas y Esparta.	Demócrito, el astróno-mo Metón, Hipócrates de Cos, Sócrates y el sofista Protágoras de Abdera estaban en acti-vidad. Tucídides co-mienza su *Historia*. *Medea* de Eurípides.
430	Plaga en Atenas.	Nacimiento de Jenofonte.
429	Muerte de Pericles. Sitio de Platea.	Muerte de Anaxágoras.
4?	Nacimiento de Platón.	Toma de Mitilene por los atenienses. Primera expedición a Sicilia.	Llegada de Gorgias de Leontini a Atenas. Eurí-pides gana un certamen con *Hipólito*.
42?		Armisticio por un año entre Atenas y Esparta.	Aristófanes estrena *Nubes*, obra en que ridicu-liza a Sócrates.
?1		Paz de Nicias. Alcibíades es elegido estratega.	Aristófanes estrena *Paz*.
?16	**Fecha dramática del Banquete.**	Destrucción de Melos por los atenienses. Profa-nación de los misterios y mutilación de los Her-mes en que se vio en-vuelto Alcibíades.	Victoria de Agatón en el certamen de tragedia de las fiestas Leneas que constituye la ocasión para el festejo que se re-lata en el *Banquete*.
415		Expedición a Sicilia al mando de Alcibíades.	*Troyanas* de Eurípides, en la que probablemen-te se hace referencia a la destrucción de Melos del año anterior.
413		Reinicio de la guerra. Destrucción de la expe-dición a Sicilia.	

412	Revuelta de los aliados de Atenas. Persia entra en la guerra.	*Helena* de Eurípides
411	Revoluciones oligárquicas en Atenas.	*Lisístrata* y *Tesmoforiantes* de Aristófanes.
410	Restauración democrática.	
409	A partir de este año Platón parece haber participado de tres campañas militares en la guerra del Peloponeso.	Expedición Cartaginesa a Sicilia.	*Filoctetes* de Sófocles.
408	Entra en contacto con Sócrates.		
407		Vuelta de Alcibíades a Atenas.	
406		Derrota ateniense en Notium y luego victoria en la batalla de las Arginusas.	Muerte de Eurípides y Sófocles.
405		Batalla de Egospotamós, que marca la irreversible derrota de Atenas frente a Esparta. Dionisio I asume el poder en Siracusa y establece la paz con Cartago.	*Ranas* de Aristófanes y *Bacantes* de Eurípides.
404	Platón se mantiene al margen de la vida política y no presta su apoyo a ninguna de las dos fuerzas políticas en disputa.	Capitulación de Atenas e inicio del régimen de los Treinta Tiranos, establecido a instancias de Esparta. Asesinato de Alcibíades.	
403		Caída de los Treinta y restauración democrática.	

401	Expedición de los Diez mil relatada en la *Anábasis* de Jenofonte.	
400 Fecha del relato de Apolodoro en el *Banquete*.		
399 Probable viaje de Platón, tras la muerte de Sócrates, a Megara, Cirene y tal vez a Egipto. Contacto con Euclides de Megara y el matemático Teodoro de Cirene, entre otros.	Juicio y ejecución de Sócrates.	400/360: Actividad del cínico Antístenes, Aristipo el Cirenaico y Euclides de Megara (Socráticos menores).
387 Primera visita a Sicilia y a su vuelta a Atenas, fundación de la Academia.	Dionisio I toma Rheghium.	
385 Composición del *Banquete*.		
384		Nacimiento de Aristóteles y Demóstenes.
371	Tebas destruye el poder de Esparta en la batalla de Leuctra.	
367 Segunda visita a Sicilia.		
361 Tercera visita a Sicilia.	Muerte de Dionisio I de Siracusa y asunción de Dionisio II.	Aristóteles ingresa a la Academia.
359	Filipo II asume el poder en Macedonia.	Comienza a construirse el teatro de Epidauro.
356	Nacimiento de Alejandro Magno. Dion toma el poder en Siracusa.	Actividad de Diógenes el Cínico.
353	Dion asesinado en una conjura, por el ateniense Calipo.	
348 Muerte de Platón.		Espeusipo rige la Academia.

Estudio preliminar al Banquete

El *Banquete* es un típico diálogo de madurez y están presentes en él las principales características que definen las obras de este período, que constituye sin duda el estadio de mayor despliegue literario. El *Banquete*, en efecto, presenta singulares coincidencias temáticas y estilísticas con *Fedón*, *Fedro* y *República* (cf. *supra*). El escenario que Platón elige para situar el diálogo es desde muchos puntos de vista significativo, ya que los banquetes constituían acontecimientos centrales en la vida sociopolítica ateniense. Estas reuniones solían estar organizadas en dos etapas, la primera, el *deípnon* o *syndeípnon*, estaba dedicada a la comida, mientras que la segunda y más importante, el *pótos* o *sympótes* –de donde deriva el término *sympósion* que da nombre a esta obra–, constituía el momento dedicado a la bebida. Para iniciar esta parte de la reunión se retiraban las mesas para disponer un ambiente propicio. Las fuentes suelen referirse a la función del simposiarca, como el que fijaba el programa del simposio y establecía la cantidad de vino que habría de tomarse y la proporción de agua con que iría a mezclárselo. El carácter ritual de este momento está atestiguado en las referencias a las libaciones con vino puro que se dirigían a los dioses para que auspicien la reunión. Además del momento de camaradería y la comida y bebida compartida, los banquetes implicaban entretenimiento, charla y una oportunidad para la actividad sexual, ya que los simposios habituales distaban mucho, por lo que podemos colegir, de éste que nos presenta Platón y tenían mucho más que ver con lo que en éste se rechaza al principio del diálogo (176e): vino en exceso, música y la compañía de heteras –ya que las mujeres de buena cuna no estaban admitidas– para amenizar la reunión.

A pesar de ello, es curioso notar que la literatura simposíaca suele reproducir la estructura de los banquetes tal como los encontramos en Platón y Jenofonte, esto es, como ocasiones dedicadas a charlas intelectuales, exposición de discursos y momentos de elevación espiritual en general. Tal vez ello se explique por el hecho de que la existencia de literatura simposíaca anterior a esta época es dudosa y más bien tiende a pensarse que son precisamente obras como éstas las que están a la base del desarrollo de un género que fue notablemente prolífico en la antigüedad postclásica. En este sentido, existen sin duda menciones de ocasiones simposiales en la poesía arcaica y clásica, pero ninguna obra conservada que describa los acontecimientos acaecidos en uno de ellos tal como lo hacen Platón o Jenofonte. En época postclásica, por el contrario, son numerosas las obras que adoptan esta estructura, y entre ellas vale la pena mencionar las *Quaestiones conviviales* de Plutarco, que integran las *Moralia*, así como *El banquete de los siete sabios*, del mismo autor, el *Deipnosofistas* o *Banquete de los sabios* de Ateneo, además de los *Banquete* de Luciano, Juliano y Macrobio, entre otros. En todos los casos, el modelo de Platón parece ser ineludible.

Hoy ya no hay quien sostenga la realidad histórica del *Banquete*, en el sentido de que el texto reproduzca las doctrinas originariamente expuestas por los personajes reales, teniendo en cuenta el período transcurrido entre la fecha de la celebración de la victoria de Agatón y la composición de la obra platónica, aunque no hay que descartar que hayan existido tradiciones orales en torno de un banquete real en el que famosos personajes profirieron bellos discursos en honor a *éros*. Lo más importante, sin embargo, es no perder de vista el fenómeno central del diálogo platónico como ficción controlada por el autor, según la feliz formulación de Rowe (1998, p. 1). Así, el comportamiento de los personajes siempre está motivado por las necesidades argumentativas orientadas a la expresión de un núcleo conceptual, razón por la cual no es errado que los intérpretes rastreen, en el caso del *Banquete,* la significación de los discursos de los asistentes, más allá de las características de los personajes reales que pueden ser reconstruidas por la vía historiográfica.

1. Datación y fecha dramática

El *Banquete* presenta un complejo emplazamiento dramático que suscita especiales problemas respecto de la cuestión de su datación, ya que este punto comprende la referencia a tres fechas que se entrelazan para componer la trama literaria del diálogo. En efecto, al problema de la fecha de redacción –punto (a)– hay que sumarle el de la fecha dramática, que a su vez se presenta como doble: por un lado, el momento en que supuestamente se celebró el *Banquete* –punto (b)–, y por otro, el momento en que se produce el diálogo inicial en el cual Apolodoro narra la historia de la reunión tal como se la contó Aristodemo –punto (c)–.

(a) Respecto de la fecha de composición, es preciso decir que no hay indicios ciertos dentro de la obra que puedan ponerla de manifiesto, aunque la mención anacrónica del texto en 193 a ("como los arcadios fueron disgregados por los lacedemonios") que suele interpretarse como una referencia a la dispersión de los mantineos ocurrida en el 385, sirve para colegir que Platón tiene que haber compuesto el diálogo *después* de esta fecha (cf. Jenofonte, *Hel.* V 2,1). La mención de 182b acerca del dominio de los bárbaros en Jonia, que remite sin duda al tratado de Antálcidas del 387, por el cual se le otorgaba a los persas el control de esa zona y Asia Menor, es un argumento adicional que permite situar la época de composición en torno del 385a.C., fecha que condice con las características generales del diálogo y con su ubicación entre los diálogos de madurez.

(b) La fecha de la celebración del *Banquete* es la más antigua y también la más cierta: sabemos que el festejo que da origen al relato obedece a la celebración de la victoria de Agatón en un certamen de tragedia. Por el testimonio de Ateneo sabemos que esto ocurrió en las fiestas Leneas del 416a.C., en el arcontado de Eufemo (Ateneo, *Deipnosofistas* 5.217a).

(c) Por último, suele concederse que la fecha en que Apolodoro reproduce el relato de Aristodemo tiene que ubicarse alrededor del 400, ya que Apolodoro subraya que él era entonces un niño. Poco antes (172c) se habla de la ausencia de Agatón en Atenas, un indicio que podemos iluminar con las referencias de Aristófanes acerca del destino de Agatón, pues por el argumento de *Tesmoforiantes* sabemos que en la fecha de su composición Agatón debía de estar en Atenas, y esta obra es del 411a.C., y por *Ranas*, que es del 405 a.C. sabemos que en ese momento se encontraba en la corte de Arquelao, el rey de Macedonia. Finalmente, los personajes se refieren a Sócrates vivo, y en 172c Apolodoro manifiesta estar en contacto actual con él. En virtud de estos datos puede colegirse que el relato de Apolodoro no puede haberse dado después del 399a.C., porque no podrían ignorar el juicio y muerte de Sócrates, y por otro lado tiene que ser posterior a la partida de Agatón de Atenas, que puede haber ocurrido un tiempo –no sabemos con precisión cuánto– antes del 405. Por estos parámetros generales suele concederse, tal como ha propuesto Bury (1932, p. LXVI) que la fecha dramática puede situarse alrededor del año 400a.C. Nussbaum (1986, 168-170), sin embargo, ha hecho notar que la datación de Bury pasa por alto la fecha del asesinato de Alcibíades ocurrido en el 404a.C. y llama la atención sobre el hecho de que, del mismo modo que con Sócrates, si Platón hubiera impostado la fecha del relato de Apolodoro en un momento en que Alcibíades no hubiera estado ya vivo, esta situación hubiese merecido algún comentario por parte de él o de sus interlocutores. Aunque éste es un argumento *ab silentio*, parece lo suficientemente convincente para apoyar la datación del relato de Apolodoro en el 404a.C.

2. La temática del diálogo

La temática principal del *Banquete* gira en torno del amor. Una lectura aguzada, sin embargo, pone de manifiesto que el sentido en que esta afirmación debe ser entendida está lejos de ser la corriente, ya que en indisociable unión con la temática amorosa, surge el aspecto de la competición de los distintos géneros discursivos y la filosofía en relación con ellos. Esta línea es la que nos interesa subrayar especialmente en esta introducción y a ella dedicamos un apartado final (punto 4). Los diversos géneros son abundantemente referidos en el curso de la obra y el lugar de la filosofía es abordado en los contextos más disímiles. En este sentido es de notar especialmente que ésta aparece ya mencionada por Apolodoro en el comienzo (173c-d) como la temática principal del relato que va a emprender a continuación. Que el propio relator del *Banquete* establezca la filosofía como núcleo de la obra es un dato que no puede ser pasado por alto.

El tema del amor, por su parte, es también abordado en otros diálogos como *Lisis* y *Fedro*, especialmente, y más al pasar en obras como *Timeo* y *Leyes*. En *Lisis* y *Fedro*, sin embargo, los enfoques son diferentes, si bien complementan al de *Banquete* en muchos aspectos. En el primero la temática principal es el amor en tanto *philía*, aunque es de notar que ya aquí aparecen anticipaciones de importantes pasos argumentales que constituirán el discurso de Diotima en el *Banquete*. La estructura del *Fedro*, por su parte, es más compleja y se resiste a la postulación de un tema único. El *Banquete*, por el contrario, está claramente focalizado en la problemática del amor, pero es preciso considerar qué debemos entender por ello. La lengua griega cuenta con variados términos para referirse a las relaciones afectivas, pero existen dos que son preponderantes en la época clásica y en la tematización platónica en general, se trata de *philía* y *éros*. Ambos términos tienen una evolución histórica compleja que metamorfosea su contenido semántico. Puede decirse que *philía* tiene un campo de significación mucho mayor que *éros*, aplicándose más bien a la amistad, pero también a todo tipo de relaciones de afinidad, incluidas las relaciones de parentesco y aquellas en que está presente lo sexual [cf. Dover (1980, p. 1). No es, sin embargo, este aspecto de la afectividad la que elige Platón para tematizar en el *Banquete* sino la que tiene que ver con el *éros*, vocablo que en época clásica remite a la idea de estar enamorado, en tanto deseo de otro como compañero sexual, algo que se mantiene presente en nuestra caracterización del amor 'erótico'. En este sentido *éros* está ligado a la noción de *epithymía*, vocablo cuyo referente es la idea de deseo en general, del cual el *éros* podría ser visto como un caso individual[5], aunque no uno cualquiera, pues no es de sorprender que haya sido una creencia extendida que el *éros* se encuentra entre los deseos más potentes, si no es incluso el más potente de todos.

Es motivo de mucha polémica a qué tipo de relaciones amorosas se dedica el *Banquete*. Algunos discursos, como el de Pausanias, no dejan dudas acerca del lugar del amor homosexual como tópico prevalente, mientras que otros escapan a una caracterización rígida. El de Aristófanes, por ejemplo, da cuenta de las distintas posibilidades de amor y las justifica por el tipo de combinación de los tipos humanos originarios, mientras que Erixímaco se preocupa por las repercusiones cósmicas de Eros, con lo cual dirimir la cuestión de homo o heterosexualidad en su discurso se hace poco pertinente, lo mismo que en el de Agatón, dado el grado de generalidad con que se maneja y su intención de centrarse en la naturaleza de Eros. En cuanto a Fedro, la cuestión no es clara, especialmente si relevamos el tipo de ejemplos que utiliza, de donde se desprende que establecer el problema en estos términos es erróneo si tenemos en cuenta el contenido del discurso de Sócrates-Diotima, en el cual las características relacionadas con el amor humano son sólo un elemento de la perspectiva global respecto de *éros*. Hay, sin embargo, un cierto acuerdo general entre los asistentes respecto de la bondad de las relaciones homosexuales y sus efectos positivos. Es de notar que esta modalidad sexual estaba instalada en las clases altas e intelectuales atenienses y recrudeció en aquellos grupos de inclinación filoespartana [6]. Esta conducta no fue en general un obstáculo para las relaciones heterosexuales y nunca conspiró contra las instituciones matrimonial o familiar. Es claro, además, que los defensores de la institución de la pederastia intentaban subrayar la complementación entre una relación de este tipo y los otros tipos de educación que solían recibir los jóvenes, por lo cual lejos de constituir una influencia negativa podría tornarse un inestimable apoyo para la formación educativa.

Otro aspecto que llama la atención a oídos modernos es la oposición que se establece entre amante y amado, entre *erastés* y *erómenos*, que da cuenta de una relación sin reciprocidad ni simetría: el amante es el que está imbuido de deseo y se desvive por conseguir los favores del amado; es del amante de quien podemos decir que realmente ama. El amado, por el contrario, es un joven bello, impasible en su belleza, que sólo cede o no a los pedidos del amante y cuando lo hace, en general no se considera que lo haga llevado por el deseo. En efecto, el esquema está aquí bien determinado y los roles bien diferenciados. A eso hay que agregar que, al parecer, los griegos no pensaban que el amor homosexual incluyera mutuo deseo por parte de dos hombres de la misma edad. El hombre más maduro, motivado por Eros, "persigue", y el joven, si cede, es motivado por afecto, gratitud y admiración [7]. Así, el hombre maduro es el amante y el más joven es el amado [8]. La sociedad simpatizó con el amante persistente, pero condenó no sólo la seducción deliberada por parte de los jóvenes sino incluso el que cedieran fácilmente, de lo cual da cuenta el discurso de Pausanias, tal como entre nosotros se critica a las mujeres de 'sí fácil' [9].

3. Estructura de la obra

En lo que a estructura escénica y dramática se refiere, el *Banquete* es sin duda una de las obras platónicas más desarrolladas, algo que puede inferirse de su estructura:

1. *Introducción*
1.1: 172a-174a: Introducción de Apolodoro

2. *Relato de Aristodemo*
2.1: 174a-174e: Aristodemo y Sócrates
2.2: 174e-178a: Llegada a lo de Agatón y establecimiento del tema
2.3: Relato de los discursos
Primer discurso: 178a-180b: Fedro
Referencia a otros discursos pronunciados
Segundo discurso: 180e-185c: Pausanias
Primer episodio intermedio: 185c-185e: Hipo de Aristófanes
Tercer discurso: 186a-188e: Erixímaco
Segundo episodio intermedio: 189a-189c: Diálogo entre Erixímaco y Aristófanes
Cuarto discurso: 189c-198e: Aristófanes
Tercer episodio intermedio: 198e-195e: Primer diálogo entre Sócrates y Agatón
Quinto discurso: 195e-197e: Agatón
Cuarto episodio intermedio: 198a-201d: Segundo diálogo entre Sócrates y Agatón
Sexto discurso: 201d-212c: Sócrates
Quinto episodio intermedio: 212c-215a: Llegada de Alcibíades y cambio de temática
Séptimo discurso: 215a-222b: Alcibíades

3. *Epílogo*
3.1: 222c-223d: Entrada de los juerguistas

a) *Mediación dramática y estilo indirecto*

La trama que precede a la introducción de la doctrina que presenta Sócrates es larga y compleja, por lo cual es claro que estamos en un terreno muy diferente a aquellos en que la doctrina platónica se presenta directamente por boca de Sócrates. Aquí, por el contrario, encontramos los pasajes introductorios que colocan el relato en una situación de gran *mediatización*: Apolodoro va a relatar a unos personajes anónimos lo que le contó Aristodemo acerca de una reunión acaecida muchos años antes, en ocasión de la victoria del poeta trágico Agatón en un certamen de tragedia. El relato no tiene, como hemos visto, una estructura simple ni lineal; por el contrario, incluye siete discursos de diversa complejidad argumental: cinco pertenecientes a los varios asistentes a la reunión, tras los cuales se encuentra el discurso de Sócrates, y finalmente el proferido por Alcíbiades. Como es de esperar, Apolodoro no pretende que el relato sea absolutamente literal, sobre todo ante el hecho de que su relator ha dejado constancia ante él de que lo que en su momento le ha contado no es exactamente todo lo que había sucedido.

El marco introductorio está puesto en boca de Apolodoro, el relator del *Banquete*, de quien Platón mismo afirma en *Apología* 34a que es uno de los presentes en la corte el día del juicio a Sócrates y se lo nombra también en *Protágoras* como padre del joven Hipócrates. Aristodemo, su fuente, es también un discípulo de Sócrates, de la generación anterior a Apolodoro, y por lo que podemos colegir a partir de la mención de Jenofonte (*Memorabilia* 3.11.17) se contaba entre aquellos seguidores que reparaban más en los rasgos externos de la conducta de Sócrates que en los lineamientos teóricos que encerraba su práctica filosófica. De todos modos, tal vez la detención en los rasgos externos y la imitación global de su conducta llevan a este personaje a casi memorizar las situaciones en que Sócrates está presente, tal como se desprende de este diálogo. Aristodemo es, entonces, a todas luces, un repetidor cuidadoso; podría decirse que aquello de lo que carece es de la capacidad de reelaborar la doctrina de su maestro, tal como sí hará Platón, pero esta misma característica lo convierte en un personaje adecuado para cumplir el rol de buen transmisor –o al menos de transmisor medianamente confiable– de la doctrina del maestro.

Esta mediación que recorre la estructura del diálogo ha sido interpretada de formas disímiles [10]; así, mientras Taylor afirma que la intención platónica es crear un clima de duda sobre los detalles (1960, p. 210), Bury se inclina por la hipótesis opuesta y postula que mediante este artificio Platón presenta a Aristodemo y Apolodoro como testigos confiables (1932, p. XVI). Esto último, sin embargo, es difícilmente sostenible, ya que en 178a y en 180c se subraya el hecho de que ambos pasan cosas por alto y que, sobre el final del *Banquete,* el interés de Aristodemo no alcanza para mantenerlo despierto durante la conversación entre Sócrates, Agatón y Aristófanes. Friedlaender (1989, p. 4), por su parte, sostiene que la mediatización produce una sensación de lejanía temporal que subraya el carácter memorable de la reunión, que es objeto de relatos pasada ya más de una decena de años. En una línea similar, Dover (1980, p. 9) propone que lo que Platón intenta es clausurar la idea de que el relato es fiel a una realidad histórica y constituye al banquete, y especialmente al retrato de Sócrates por parte de Alcibíades, en el *status* de un mito, que como tal debe ser juzgado por su *hypónoia,* su sentido profundo, y no por su veracidad fáctica. Para Halperin (1992, *passim*) la estructura de la obra está orientada de modo tal que constituye un modo de representación de la teoría sobre el amor que presenta el discurso de Sócrates. Fierro (2001), por su parte, propone que esta peculiar estructura narrativa apunta a ilustrar el carácter intermediario de Eros y la importancia del entrenamiento de la memoria para mantener el conocimiento filosófico en general y en particular la verdad sobre la naturaleza del amor.

Esta mediatización está, a nuestro juicio, en relación con la doctrina expresada por Diotima en 209e-210a que refiere a la dificultad tanto de la captación de la Idea de Belleza como de la transmisión de lo que ello implica. De ambos obstáculos da cuenta la estructura del diálogo. Platón subraya en numerosos pasajes la dificultad de transmitir una caracterización conveniente de las realidades últimas: así como en *República* 506d-507a se ve en la necesidad de postular la Alegoría del Sol para dar cuenta de manera aproximada de la naturaleza de la Idea de Bien, aquí en *Banquete* Diotima subraya la dificultad de que Sócrates entienda algo de lo que ella está diciendo si no lo ha experimentado (210a; 211d). En consecuencia, podemos pensar que estamos frente a un símil: es tan intransmisible la experiencia de la captación de las ideas, como difícil es la reconstrucción exacta de una larga serie de diálogos ocurrida treinta años atrás. Con esto se crea la paradoja de que, por un lado, las palabras de Diotima se tornan más sutiles, lejanas e inasibles, y por otra parte, se refuerza la idea básica que ella ha tratado de transmitir: el acceso al plano Ideal es personal e intransferible y no hay relato de terceros que pueda suplirlo.

b) *Síntesis exegética de los discursos* [11]

El relato de Aristodemo comienza antes del banquete propiamente dicho e incluye las razones que lo convirtieron en testigo de la reunión. En efecto, Aristodemo encuentra a Sócrates por casualidad en el momento en que se dirigía a la casa de Agatón y lo que le llama la atención es verlo inusualmente arreglado. Es entonces que Sócrates propone a Aristodemo que lo acompañe, pero en el camino, antes de llegar, queda preso de un rapto místico de los que Platón nos refiere varios ejemplos –uno de ellos en esta misma obra en el contexto del discurso de Alcibíades (220c-d)–. Aristodemo se adelanta y espera junto a Agatón y sus invitados que Sócrates se acerque, cosa que hace poco más tarde, ante lo cual Agatón, que lo esperaba ansioso, lo invita a sentarse a su lado. Poco después se produce el giro que constituye a esta reunión en un hecho memorable. Las consideraciones en torno de la bebida, teniendo en cuenta que la mayoría de los asistentes han estado festejando el día anterior, concluyen en la decisión de cambiar las características habituales de los banquetes, prescindir de la flautista, limitar la bebida y dedicar la sobremesa a pronunciar discursos sobre un tema en especial, que por sugerencia de Erixímaco será el del amor, un tema, según dice, caro a Fedro, por lo cual lo designa *patèr toû lógou* 'padre del discurso' (177a-d).

Con este acuerdo básico, los asistentes pronuncian sus discursos uno a continuación de otro según el orden en que están sentados comenzando desde la izquierda. El discurso de Sócrates, aquel en que sin duda Platón cifra el núcleo teórico de la obra, queda entonces enmarcado dentro de un conjunto mayor y ocupa una parte relativamente pequeña del diálogo, lo que ha llevado a numerosos intérpretes a notar la necesidad de desentrañar las relaciones entre éste y los demás discursos. Éstos, según la línea argumental esbozada en el punto 4, más allá de los lugares en que puedan ser interpretados como adelantos fragmentarios del discurso socrático, bien pueden ser un ejemplo de la fuerza disuasoria de los distintos tipos de amor y sus consecuentes paradigmas vitales que se presentan al hombre como alternativa y que si no son superados se convierten en un obstáculo que cierra la posibilidad de acceso a la Idea de Belleza, fuente última de todo tipo de amor. Los oradores ofrecen perspectivas, y con ellas postulan cosmovisiones encontradas que luchan por conseguir el consentimiento del resto –incluyendo a los lectores–. El certamen, que no por azar se da en el marco del festejo por otro certamen, opondrá a contendientes de los más diversos orígenes, citados por Platón sólo para verlos derrumbarse frente a las armas de la filosofía.

Primer discurso: Fedro

Fedro, como 'padre del discurso' abre la ronda de oradores. También encontramos a este personaje en otros dos diálogos platónicos: *Fedro*, al que da nombre, y *Protágoras*. En los tres diálogos Platón lo retrata como un joven con grandes inquietudes hacia la retórica y la sofística, aunque sin un talento deslumbrante, algo que sin duda se trasluce en su discurso: un texto ordenado pero excesivamente apoyado en los datos de la tradición, sin los menores rasgos de creatividad. Como suele suceder con la mayoría de los personajes del *Banquete*, los críticos han tomado muy diferentes posiciones a la hora de evaluar sus perfiles: mientras para Robin (1966, p. XXXVIss.) se trata de un hombre de vasta erudición, pericia verbal, ambición de saber y delicadas aspiraciones morales sin llegar a ser brillante, para Bury (1932, p. XXIV) estamos frente a un ejemplo de carencia de fuerza intelectual y para Taylor (1960) es un personaje decididamente vulgar cuya presencia se justifica precisamente por ser el primer orador y por lo tanto el que profiere el discurso menos elaborado. En efecto, todos los oradores –exceptuando a Alcibíades, que no estaba presente para escuchar los discursos anteriores y además produce un cambio en la temática– comienzan a construir sus discursos como contrapunto de uno o varios de los anteriores. Así, Pausanias corrige a Fedro diciendo que no hay sólo un *éros* sino dos (180c), Erixímaco resalta que la puntualización de Pausanias es válida pero que su argumentación está inconclusa (186a), Aristófanes propone replantear por completo la cuestión (189c), y lo mismo hace Agatón, tras afirmar que es preciso plantear el problema de qué es Eros y cuáles son sus efectos (194e-195a). Sócrates, finalmente, comienza por establecer un diálogo en el que refuta las tesis vertidas por Agatón y sienta nuevas bases ontológicas para la comprensión de Eros (199c-201d). Con este panorama a la vista, es claro que la tarea de Fedro, al abrir la serie de discursos, no es algo fácil. Lo cierto es que, imbuido de una actitud de devoción hacia el dios, hace grandes esfuerzos por remarcar las aristas éticas del amor incluso a costa de la solidez argumentativa.

La estructura del discurso es simple: Fedro presenta, a partir de los datos de la tradición mitológica, a Eros como uno de los dioses más antiguos (178a-178c); a continuación intenta analizar cuál es la naturaleza de Eros y cuál es el efecto que tiene sobre los hombres y sobre la sociedad (178c-179b3), tras lo cual ofrece algunos ejemplos (179b3-180a8) y menciona la valoración divina de los amantes y amados (180a8-180b1). El discurso se cierra con un breve resumen de lo expuesto (180b1-180c).

A grandes rasgos, Fedro intenta trazar un perfil de Eros para concentrarse luego en los efectos que Eros produce en aquellos a quienes afecta, especialmente en lo que hace a la conformación moral. La crítica de Agatón en el comienzo de su discurso (194e) respecto del poco rigor en la determinación de la naturaleza de Eros como único punto de partida válido para la deducción de sus efectos afecta especialmente al discurso de Fedro, dado que en su discurso la primera cuestión es efectivamente abandonada con ligereza para pasar a un análisis intuitivo de sus efectos, con lo cual el discurso de Agatón se constituiría como una vuelta a los principios expuestos por Fedro, pero con la intención de seguirlos consecuentemente. La primera afirmación de Fedro respecto de la grandeza de Eros se apoya en su antigüedad, reconocida por todos y que constituye una cualidad que le confiere el carácter de venerable. Los poetas representan para Fedro una fuente privilegiada, y es lógico que así sea, ya que se los considera inspirados por los dioses y sus afirmaciones eran en general bien recibidas por el público griego. De estas fuentes, entonces, extrae ejemplos a partir de los cuales recoge luego una idea central. Respecto de esta metodología, es de notar que sólo menciona las fuentes que confirman su idea, como por ejemplo en la cuestión referente a los progenitores de Eros, donde prefiere tomar el pasaje de *Teogonía* 116 ss. en el que Eros no tiene padres, y no otras en que sí los tiene

(Eurípides, por ejemplo, en *Hipólito* 534, lo hace hijo de Zeus; Simónides (Fr. 43), hijo de Ares y Afrodita, entre otros) [12].

En cuanto a los efectos de Eros sobre los hombres, Fedro afirma que el bien superior para un joven es tener un buen amante, y para éste, tener un amado. En este contexto, Eros aparece descripto como el autor de los sentimientos de honra y vergüenza (178d), que están presentes en el amante y gracias a los cuales se realizan las grandes obras en una ciudad o en una persona [13]. Para reforzar la idea de sus influencias sociales propone que supongamos la existencia de una ciudad o un ejército de amantes y amados, donde se rivalizara por ser honorables, en contra de todo acto deleznable (178e4ss.) y concluye que esto tendría como consecuencia la constitución de una mejor ciudad. Este pasaje parece ser una anticipación del llamado Batallón Sagrado de los tebanos, que con estas características habría participado de la batalla de Leuctra, en el 371. Es posible que algo así hubiera existido en otros pueblos dorios, tal como se daba entre los espartanos, para quienes el amor homosexual solía fomentarse, en la creencia de que contribuía a la formación militar, una actitud que la antropología ha testimoniado en numerosas comunidades no occidentales y que suele desarrollarse también en nuestra cultura, probablemente alimentada por el componente de los ejércitos que tradicionalmente ha sido exclusivamente masculino, pero como práctica oculta y públicamente condenada.

Las actitudes que engendra Eros, de todos modos, no son privativas de los hombres sino de los amantes en general, lo cual se advierte en los ejemplos que Fedro aduce para demostrarlo. El primero es el de Alcestis (179b-d) que ha querido tomar en la muerte el lugar de su marido, un acto que no sólo parece bueno a los hombres, sino también a los dioses, al punto de recompensarla librándola del Hades. Alcestis es sin duda la amante –la *erastés*– de la relación. El segundo ejemplo es el de Orfeo (179d), un caso fallido en que el Eros es deficiente. Según

Fedro, Orfeo fue castigado por haber tenido un alma mediocre y débil, y ese castigo fue la muerte a manos de mujeres. Fedro adapta la historia de Orfeo haciendo a Eurídice una ilusión, a Orfeo un incapaz y a su descenso al Hades un acto de cobardía, a la vez que liga la muerte de Orfeo con esta cobardía más que con la irreverencia ante Dioniso que testimonian otras fuentes. El tercer ejemplo es el de Aquiles (179e-180b), que por ayudar y honrar a Patroclo, que lo amaba, mató a Héctor, aun cuando su madre, Tetis, le advirtió que moriría si lo hacía, razón por la cual fue enviado a la Isla de los Bienaventurados [14]. La homosexualidad de éstos y el carácter de su relación es un asunto no poco tratado, pero es difícil encontrar testimonios ciertos que avalen una interpretación en esta clave [15].

Este primer discurso es relevante dentro del diálogo, aunque la capacidad argumentativa de Fedro no sea muy amplia, como ya señalamos, porque es a partir de allí que Platón irá construyendo la trama que liga los discursos entre sí, retomando elementos de cada uno en el siguiente, para crear de este modo la tensión dramática que caracteriza la obra. Esta tensión, que es por otra parte dialéctica, es la que permitirá el progresivo desarrollo del diálogo, hasta llegar al discurso de Sócrates. El discurso de Fedro asienta la primera marca sobre la que van a apoyarse los demás asistentes al banquete. Por otro lado, también bajo la consideración de que es el primero de los discursos, es significativo el recurso a la mitología, si tenemos en cuenta que constituye una manifestación típica de los primeros estadios de la cultura. Podría pensarse que, intentando reproducir el lugar que la mitología tiene en el desarrollo del pensamiento, Platón la coloca en los inicios del diálogo, como el modo primigenio de asomarse a una cuestión que luego será atisbada desde perspectivas diferentes y que, podríamos arriesgar, quedarán subsumidas luego en el abordaje filosófico.

Después del discurso de Fedro hubo otros discursos que la memoria de Aristodemo no retuvo con precisión, por lo cual decidió proseguir con el de Pausanias (180c). Esta mención pone de relieve nuevamente el problema de la transmisión y subraya la necesaria parcialidad de la imagen que recibimos.

Segundo discurso: Pausanias

Pausanias, el segundo orador, aparece mencionado también en el diálogo *Protágoras* (315d) y en el *Banquete* de Jenofonte, cuyo perfil general coincide con el que le atribuye Platón en cuanto a su·elogio de las virtudes de la pederastia y se lo muestra, del mismo modo, como la pareja de Agatón. En su discurso, Pausanias postula un principio que será de gran fertilidad en los discursos sucesivos y que será determinante en la argumentación socrática: el amor no es uno sino múltiple. En el caso de Pausanias, nos encontramos frente a la primera formulación de este principio bajo la forma: no hay un Eros sino dos (180d).

El discurso de Pausanias presenta un claro esquema argumental que tiene un interés adicional: a partir de dos principios permite explicar las diversas lógicas culturales respecto del amor y hace posible erigir a la propia costumbre como la mejor. Los dos principios son, tal como hemos dicho, en primer lugar, que existen dos tipos de amor, uno celeste y otro vulgar y, en segundo lugar, que las cosas no son bellas o feas por naturaleza sino según el modo en que se las ejecute.

Los dos modos de Afrodita –una pura y elevada, la Afrodita Urania o celeste, la otra vulgar y artificiosa, la Afrodita Pandemo– son el correlato de las formas en que puede darse éros: será bello si se trata del amor celeste, y feo si se trata del amor vulgar que colabora con la Afrodita Pandemo. Este último es el que obra al azar (181b), esto es irreflexivamente, mientras que el amor celeste, devenido de la hija de Urano, orientado por la temperancia, persigue amores sólidos y duraderos (181d-e). Ambos tipos de amor se diferencian también por sus objetos, determinados a su vez, de nuevo, por el origen de la Afrodita que los inspira. En efecto, la Afrodita Pandemo es hija de hombre y mujer (Zeus y Dione) y más joven, de modo que los por ella inspirados tienden a los amores múltiples, ya sean hombres o mujeres. Por el contrario en la concepción de la Afrodita Celeste no hay intervención femenina (181c), y eso hace que los inspirados por este tipo de amor tiendan hacia otros hombres, por lo cual para Pausanias el amor más elevado es el que se encuadra en la categoría de la pederastia (181c-d).

Esta conclusión lo lleva a tener que afrontar el problema del tratamiento cultural que este tipo de relación recibe en las distintas ciudades, que especifica en tres tipos principales: en el primero, característico de regiones como Élide y Beocia, se admite que los jóvenes complazcan a sus amantes sin reproche alguno, algo que se atribuye a la falta de cualidades oratorias de los hombres de estas áreas, falencia que impediría el desarrollo del cortejo amoroso (182b). El segundo tipo, que se da en Jonia y los países bárbaros, es contrario al anterior y prohíbe por completo tales relaciones, lo cual habla de la represión de los sentimientos elevados (182b-c). El tercero, propio de atenienses y espartanos, es el más difícil de entender, pero a la vez el mejor, ya que presenta una dualidad según la cual por un lado se encomia y alienta a los enamorados (183c) y por otro lado se censura gravemente a los jóvenes que ceden a las solicitudes de sus amantes (183d). La lógica que encuentra Pausanias está basada precisamente en su segundo principio, esto es, algo no es bello ni feo en sí sino por su uso, por lo cual la aparente censura esconde en realidad la actitud de cautela, orientada a exigir a los enamorados el paso por el cortejo amoroso. Este proceso tiene la ventaja de poner en juego tiempo para conocerse y de este modo sopesar las verdaderas intenciones de los integrantes de la pareja, y si fueran buenos, sentar las bases de una relación sólida (184a).

De esta manera, Pausanias ejecuta una justificación de la pederastia pero no de manera indiscriminada sino sólo en los casos en que apunta a esa particular relación de aprendizaje y formación en la virtud entre un joven y un adulto que lo orienta. A esto mismo se encamina la mención de dos leyes para que el amor no sea reprochable: la primera impone al amante la obligación de velar por la formación de los mancebos; la segunda, para los amados, marca la necesidad de que su ceder al amante sea en virtud de la sabiduría que de él puede recibir (184d). Así, sólo si la relación está orientada a la virtud, esto es, responde al amor celeste, es digno de aceptación e incluso de encomio y alabanza (185c). Es tema de mucha controversia qué interés haya podido tener Platón en retratar fielmente a los personajes del diálogo, pero es claro que una defensa de este tipo del amor homosexual y su cierta posibilidad de orientarse a la virtud está muy bien ubicado en boca de Pausanias, de quien sabemos por varias menciones de Platón y Jenofonté que formaba con Agatón una pareja muy estable. En efecto, sabemos también que en la Atenas clásica el integrante activo en una relación homosexual no era particularmente desaprobado, pero el integrante joven o pasivo tendía a ser reprochado con desprecio, especialmente si ya era adulto [16], por lo cual no es descabellado que Pausanias se esmere en dirimir con claridad las pautas que pueden afectarlos y crear un espacio de justificación sobre la bondad de su modo de vida y el de su amado [17].

Apenas Pausanias termina su discurso se produce un hecho que interrumpe el normal desenvolvimiento del programa pautado: Aristófanes sufre un ataque de hipo (185c). Este episodio trae como consecuencia que el discurso de Erixímaco se adelante hasta tanto Aristófanes se mejore. Se ha querido leer en este pasaje una especie de venganza velada de Platón hacia Aristófanes, tal vez en relación con el tratamiento de Sócrates como personaje en *Nubes*, que constituye lo que Platón llama en *Apología* las 'acusaciones antiguas' (*Apología* 18a–d). Más allá de esto, el pasaje parece ser un buen recurso dramático para dar vivacidad al relato y evitar la opacidad que tal vez produciría la retahíla de discursos ininterrumpidos. Erixímaco no duda en proponerle una serie de rápidos tratamientos –que contenga la respiración, haga gárgaras con agua o estornude (185d-e)– que no se apartan de los que solían impartirse, tal como podemos colegir a partir de los testimonios de la época, especialmente de los tratados hipocráticos [18]. Mientras Aristófanes se repone Erixímaco pronuncia su discurso.

Tercer discurso: Erixímaco

Erixímaco es el único médico que aparece en todo el *corpus* platónico. Este hecho subraya la importancia de tomar en cuenta su figura y su discurso para evaluar el sentido de su inclusión en esta obra y su repercusión para la intelección general de la noción de medicina en Platón. Sin embargo, respecto de su discurso, los principales comentarios previenen contra las expectativas exageradas [19]. Nada sabemos de él por otros y los datos que extraemos del *Banquete* se reducen a que es el hijo de Acumeno, médico como él y miembro de los asclepiadas. De hecho, además del *Banquete*, en la obra de Platón aparece nombrado al pasar en *Fedro* 268 y en *Protágoras* 315c. En ambos casos se establece una relación entre Erixímaco y Fedro; no es mucho más lo que se dice, pero todo parece indicar que formaban una pareja muy estable, tal como la de Pausanias y Agatón.

Las referencias que aparecen en Platón parecen ser las únicas que conservamos sobre este personaje, sobre cuya existencia histórica se han sembrado dudas, excepto por la posibilidad de que Erixímaco estuviera implicado en la famosa profanación de los misterios del 416. En el discurso *Sobre los misterios* de Andócides, aparece no sólo el nombre de Erixímaco (I 35), muy poco usual, sino que algunos capítulos antes de este pasaje aparece también el nombre de Acumeno (I 18), tal vez el padre de Erixímaco [20]. Fuera de estas referencias este personaje es para nosotros un desconocido.

La lectura tradicional tendía a caracterizar a Erixímaco como el médico pedante, de pocas luces, cuyo discurso, el "menos entendido y menos rico de significación" [Robin (1951) p. LI] se intercala para no fatigar al lector con la lectura de dos discursos "fuertes", el de Pausanias y el de Aristófanes. Esta perspectiva ha comenzado a variar en los últimos años [21]. Sin contar con la dificultad de sostener que el de Pausanias es un discurso "fuerte", hay que reconocer que el papel de Erixímaco, sin embargo, es vital en la economía del diálogo. Detrás del discurso moralista de la moderación en la bebida está el mérito de haber pautado el banquete (176b-177d), de modo que al menos en el manejo práctico de las relaciones humanas y en la intención de enaltecer la reunión no merece el calificativo de 'espíritu de calidad inferior'. Ambas actitudes están presentes en varias de las intervenciones de nuestro médico; por ejemplo en la reprimenda frente a la burla de Aristófanes en 189a-c o en la reacción frente a Alcibíades en 214a-d.

En cuanto a su discurso, Erixímaco parte de la crítica al de Pausanias y su diferencia entre un *éros* devenido de Afrodita Pandemo o vulgar, que hay que combatir, y uno devenido de Afrodita Urania, que es puro y hay que alentar. Para Erixímaco la división entre dos tipos de *éros* es aceptable, pero hay que reestablecer los alcances de esta división, ya que no existe sólo en las almas de los hombres sino que se extiende a nivel cósmico, actuando en todos los seres (186a-b).

Las partes en que se divide el resto del discurso coinciden con los diferentes campos en que Erixímaco va a verificar el accionar del principio que ya estableció. Es sobre esta base de la ampliación del campo de acción de *éros* que Erixímaco va a desarrollar su discurso que tiene la particularidad de avanzar sobre un procedimiento en muchos aspectos mecánico: el patrón de demostración que usa para la medicina es aplicado con ajustes a las otras tres artes examinadas, música, astronomía y adivinación.

Los puntos centrales del argumento que utiliza para la medicina y que se aplicarán luego a los otros campos pueden sintetizarse como sigue [22]:

a) Las cosas se constituyen por pares de opuestos, incluso en el hombre, lo que hace que exista un *doble éros* en los cuerpos. La innovación teórica con respecto al discurso anterior está dada por la elevación del amor a principio cósmico y está explícitamente formulada en 186b: "La constitución física de los cuerpos contiene en sí ese doble amor". La medicina será entonces el conocimiento, la *epistéme*, de estas tendencias contrarias en el cuerpo humano.

b) La tarea del médico es producir un buen resultado conciliando los opuestos (186d). La medicina sustituirá la enfermedad por la salud, haciendo nacer en el cuerpo el deseo mejor; esto se logra restableciendo el amor y la concordia entre los contrarios.

Tras pasar revista a la aplicación de este principio en las demás disciplinas, en algunas de las cuales se ve precisado a componer complicados *tour de force* para que el esquema cierre, concluye Erixímaco su discurso.

Se ha insistido mucho en que esta intervención apunta a la ridiculización de la ciencia médica, si bien hay que acordar que ridiculizar a un médico no implica necesariamente ridiculizar su ocupación, especialmente cuando ésta es tan profusamente utilizada como fuente de ejemplos en otras situaciones. Esta ambivalencia ha contribuido a que buena parte de la bibliografía sobre este tema pueda agruparse en las lecturas que ven a Platón a favor o en contra de la medicina [23]. Creemos que es mucho más fecundo considerar que las aristas del personaje que Platón se cuida en describir perfilan una caracterización que tipifica aquello que Platón pretende desacreditar de la medicina. Los aires pedantescos, la reiterada insistencia en la potencia de la medicina para juzgar sobre amplios terrenos de la realidad pone de manifiesto el punto nodal de la crítica platónica a la medicina que en el *Banquete* no está explícita sino encarnada en un personaje. Es a partir de éste de donde deben ser inferidas.

A estos efectos es util remitirse a otra obra de madurez, la *República*, donde se halla una presentación complementaria del mismo tema que ayuda a aclarar el sentido de estas referencias a la ciencia médica. En efecto, en *República* II encontramos el paso de la ciudad sana a la "ciudad lujosa" y sus bienes suntuarios (373a), que producen dos consecuencias: la aparición de las enfermedades –y en consecuencia los médicos (373d)– y la de la guerra. La crítica es más profunda que el mero desprecio del médico por dedicarse a un saber que no está al nivel de la filosofía. El ataque va dirigido directamente a las escuelas médicas que para esa época estaban en pleno auge. El éxito de esas corrientes y no de la medicina como tal, por más que utilice el término en forma indistinta, creemos, es lo que Platón condena. Al parecer, si la medicina se mantiene en el rol que le corresponde sin pretender usurpar prerrogativas que no le pertenecen, no sería merecedora de ningún reproche.

En el pasaje de *República* 405c-e Platón formula la explicitación de lo que la medicina es y debe seguir siendo y subraya las desviaciones que estaba sufriendo en esa época. Allí, de un modo que sorprende sin duda a oídos contemporáneos, se burla de la medicina que se afana por curar malestares que devienen a su juicio de la pereza y la vida trastornada de las ciudades y se refiere con alabanzas a la etapa de la disciplina que se ubica en los míticos tiempos de Asclepio, en los que los médicos prescribían tratamientos a quienes contraían alguna enfermedad pasajera pero no a los individuos grave y crónicamente enfermos (*República* 408b).

Este era el criterio que regía en la época homérica y lo atestiguan los tipos de remedios que aparecen en la *Ilíada*. Según Platón, el punto de inflexión estaría dado por la actividad de Heródico, un médico oriundo de Megara mencionado por Platón también en *Protágoras* 316e entre quienes disfrazaron la sofística llamándola gimnástica. Lo que sigue es un pasaje en el cual Protágoras habla de los personajes que, siendo sofistas, han intentado esconder esta condición disfrazándola como alguna de las demás artes. En el caso de Heródico, se lo acusa de disfrazar su condición de sofista con la de médico. También aparece Heródico en *Fedro* 227d donde aparece nombrado al pasar, haciendo referencia a la costumbre de prescribir largas caminatas. Las dos referencias son maliciosas y no lo es menos la que encontramos en *Rp.* III, 406b-c:

> –Heródico, que era maestro de gimnasia y cayó enfermo, mezcló la gimnasia con la medicina, con lo cual se atormentó primeramente y al máximo a sí mismo, y después a muchos otros de sus sucesores.
> –¿De qué manera?
> –Haciendo que su muerte fuese lenta. En efecto, al atender cuidadosamente su enfermedad, que era mortal y no pudo curar, vivió toda su vida sin tiempo para otra cosa que no fuera su tratamiento médico, torturándose si llegaba a apartarse en algo de su régimen habitual, y así llegó a la vejez, muriendo duramente a causa de su sabiduría.

Este es el supuesto iniciador del nuevo tipo de medicina, que a su vez está aliada con lo que Platón considera la vagancia de la clase pudiente, ya que ningún artesano puede darse esos lujos de no trabajar para estar pendiente de su salud. El ideal de *Rp.*, en cambio, consiste en que los guardianes puedan prescindir de la medicina salvo en su expresión más pura que es la de resolución de problemas puntuales, no los que implican la corrección de malas tendencias porque para eso justamente se prescribe la educación según la gimnasia [24]. De lo contrario se estaría concediendo a la medicina un *status* superior al que realmente tiene y se incurriría en la atribución de competencias médicas en el terreno no estrictamente médico, esto es, en el ámbito ético, cuando lo que intenta establecer Platón –como paralelo del principio de especialización de funciones de los habitantes de la *pólis* claramente explicitado en el libro II–, es una diferenciación tajante de esferas confinando a cada técnica a ocuparse solamente de su objeto –en el caso de la medicina, solamente los malestares del cuerpo–. El punto de partida de las afirmaciones de esta índole es la relación entre aumento de fuerza física y desarrollo de la fuerza moral que Platón da por supuesta.

En principio, podemos ver que, si nos mantenemos en el esquema que nos brinda *Rp.* III, el discurso de Erixímaco desborda los límites de la medicina como disciplina pretendiendo tener autoridad para prescribir sobre un terreno demasiado amplio. Esta actitud, entonces, es una carencia y un error grave, pues el cuerpo ganaría más con dejarse conducir sabiamente por la razón, con lo cual tendría más posibilidades de mantenerse sano. En consecuencia, la medicina de Erixímaco opta, cuando se autoerige como patrón de análisis de otras disciplinas, por un camino errado.

Así, Erixímaco es un buen ejemplo de lo que Platón pretende criticar no sólo en la estricta economía de su discurso, que pone de manifiesto el vicio de la extensión de los alcances de la medicina, sino también en el perfil general del personaje. La pedantería de Erixímaco, el Heródico del *Banquete*, a la vez que su pretensión de omnipotencia respecto de todo lo que sucede constituye una buena metáfora de la medicina viciosa y necia en la ignorancia de sus propios límites.

Cuando Erixímaco termina de hablar se establece un corto diálogo de transición en el que Aristófanes se burla del corte medicinal del discurso de Erixímaco y suscita así su reprimenda. Tras las debidas disculpas, inicia finalmente su demorado discurso.

Cuarto discurso: Aristófanes

Aristófanes, junto con Sócrates, es el personaje del *Banquete* que menos necesita de presentación. Su fama como comediógrafo ha trascendido su época y encarna el propotipo de su arte, especialmente porque sus once obras conservadas –sólo una parte de una producción mucho mayor– son los únicos ejemplos de comedia ática que nos han llegado por tradición directa en forma completa. A pesar de esto, poco sabemos de su vida privada, que se extendió entre el 445 –o un poco antes– y el 385 a.C., por lo cual el testimonio platónico puede considerarse una fuente valiosa para reconstruir perfiles de este artista. En este sentido, el discurso que Platón pone en su boca en el *Banquete* es coherente con los rasgos que podemos colegir a partir de sus obras conservadas, donde son habituales las exageraciones, las parodias y las frases satíricas contra las innovaciones en el pensamiento o en la cultura en general. La intención platónica, según se ha reconocido ya hace tiempo, se apoya en esta característica aristofánica para delinear una pieza creíble llena de destellos imaginativos y de referencias satíricas a las doctrinas que habían inundado el ámbito intelectual de la época.

Su discurso comienza con la declaración de que, en lo que sigue, va a romper abruptamente la línea que habían seguido los oradores anteriores. Aristófanes afirma que para entender el poder del amor es preciso detenerse en la naturaleza y el devenir histórico de la raza humana, y narra entonces una historia sobre la situación originaria de los hombres, en la que eran muy diferentes de la actualidad. En aquellos tiempos los humanos estaban divididos en tres géneros, ya que a los géneros masculino y femenino se agregaba un tercero que constituía una mezcla de los dos primeros y que por esto es denominado andrógino, esto es, varón-mujer (189c-e). Aristófanes agrega a esta antigua naturaleza una complicación adicional: estos géneros no se daban en los humanos tal como los conocemos, sino que los primitivos eran de naturaleza redonda, con cuatro brazos y piernas y dos caras y tenían un gran poderío, tanto que atentaron contra los dioses y recibieron por ello el castigo de la división, como modo de debilitar su poder (189e-190d). Así habrían surgido los géneros actuales, pero el desasosiego que causó la separación fue tal que mereció la compasión de Zeus, quien ideó entonces, como compensación por la pérdida de la unidad originaria, la unión sexual (191a-c). Este ordenamiento constituye un relato etiológico que le permite a Aristófanes ofrecer una explicación a las diversas orientaciones sexuales, que estarían determinadas por el compuesto originario del cual se deriva. Así, de un primitivo andrógino surgen los individuos heterosexuales, mientras que las formas de homosexualidad derivan de los compuesto de varón-varón y mujer-mujer, ya que en estos casos cada uno busca lo similar. El amor se muestra, entonces, a los ojos de Aristófanes como la búsqueda de la unidad perdida (192e). El discurso se cierra con un llamamiento a honrar a los dioses para evitar un nuevo seccionamiento como reprimenda, a la vez que invita a celebrar al Amor, única vía para recobrar la esencia perdida.

Hay abundante literatura que ha intentado desentrañar con mayor o menor detalle cuáles son las fuentes de inspiración de Platón al construir el discurso de Aristófanes, a las que metamorfosea y satiriza para dar forma a su relato. Los prototipos habituales son los tratados hipocráticos –especialmente el *Perì diaítes*, en el cual hay menciones a una 'evolución de los sexos' (cf. Bury, 1951, p. XXXII ss.)– y las doctrinas de Empédocles (cf. Bury, 1951, p. XXXIIss y Rowe, 1998, p. 154, entre otros). Sin descartar la primera, esta última posibilidad aparece como la más cierta. Es de notar, en efecto, que los seres de Aristófanes tienen muchos rasgos similares a aquellos seres de naturaleza completa (*hylophieîs*) que encontramos mencionados en los fragmentos del *Acerca de la naturaleza* de Empédocles. Allí se postula la existencia de un ciclo cósmico regido por dos fuerzas antagónicas, la Amistad y el Odio, la primera de las cuales arrastra a las cosas hacia la fusión, mientras que el Odio tiende a disgregarlas de tal modo que en su momento culminante, de mayor poderío, sólo quedan dispuestos en círculos concéntricos, sin mezclarse nunca, cuatro 'raíces': aire, tierra, agua y fuego, modelo del esquema de cuatro elementos que prevalecerá en la tradición posterior. Por el contrario, en el momento de Amistad total todo lo existente está unido indiferenciadamente conformando lo que Empédocles llama el 'Esfero'. La alternancia entre estos dos polos se va dando por la relación inversamente proporcional entre las fuerzas opuestas de la Amistad y el Odio; así del estadio del 'Esfero' se sale por la creciente fuerza del Odio y, por cambios progresivos, se pasa de un extremo al otro, en un ciclo que es posible reconstruir a partir del siguiente pasaje de Aecio (DK31A72):

> Dice Empédocles que las primeras generaciones de animales y vegetales no nacieron completas, sino desunidas en partes incompatibles; las segundas, cuyas partes estaban combinadas, eran como los seres de fantasía; las terceras eran de seres de naturaleza completa; las cuartas no procedían ya de los semejantes como la tierra y el agua, sino unas de otras, en algunos por ser sobreabundante la alimentación, en otros porque la belleza de las mujeres produjo la excitación del movimiento seminal (...)[25].

Este testimonio marca, en principio cuatro estadios que han de ser entendidos dentro del ciclo: a) *miembros disyectos* que vagan por una tierra disgregada; b) *seres de fantasía*, combinados casi al azar, al estilo –podemos suponer– de las figuras de los centauros y las sirenas, casos de los cuales la mitología proporcionaba a Empédocles numerosos ejemplos; c) *seres de naturaleza completa,* que en el ámbito de esta doctrina parecen haber estado compuestos de mujer y varón, ya que se dice en varios fragmentos que tienen en equilibrio las partes femeninas y masculinas, por lo cual no cabría la combinación mujer-mujer, varón-varón que Platón hace proponer a Aristófanes; d) *mundo actual,* con los seres que conocemos.

A lo largo de la historia de la interpretación de la filosofía de

Empédocles han existido sucesivas exégesis acerca de cómo hay que concebir este ciclo. Propondremos aquí una interpretación del sistema como una doble zoogonía regular correspondiente a cada uno de los hemiciclos. Existe, entonces, un "primer" hemiciclo en el período de Odio Creciente, que se genera luego de la disrupción del Esfero, en el cual los seres de naturaleza completa, primer estadio del hemiciclo, por acción del Odio, irán desuniéndose para dar lugar, primero a los seres del mundo actual, luego a los seres de fantasía y finalmente a los miembros disyectos que se diluyen en las cuatro raíces para que comience el ciclo cuando la Amistad vuelva a ganar fuerzas, reúna las raíces y se reinicie el hemiciclo de la Amistad Creciente, que culmina en el Esfero, en el cual el orden de los estadios será exactamente inverso: *miembros disyectos, seres de fantasía, mundo actual, seres de naturaleza completa.*

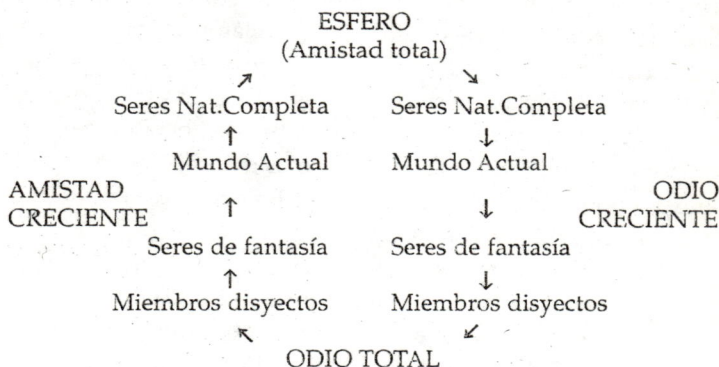

ESFERO
(Amistad total)

↗   ↘

Seres Nat.Completa   Seres Nat.Completa
↑   ↓
Mundo Actual   Mundo Actual

AMISTAD   ODIO
CRECIENTE   ↑   ↓   CRECIENTE

Seres de fantasía   Seres de fantasía
↑   ↓
Miembros disyectos   Miembros disyectos

↖   ↙

ODIO TOTAL

Este esquema, más allá de las lógicas omisiones y diferencias atribuibles a los diversos contextos, guarda muchas similitudes con el pasaje platónico correspondiente al discurso de Aristófanes. Si intentamos correlacionarlos podríamos decir incluso que las referencias que hallamos en el *Banquete* corresponden a los estadios zoogónicos del hemiciclo del Odio Creciente de la doctrina de Empédocles, en tanto los hombres han sido divididos y cabe incluso la posibilidad de una nueva división. En el texto platónico, por otra parte, Aristófanes propone luego una promesa de retorno a la unidad original (193a), una mención que podría entenderse como una referencia al proceso correspondiente al hemiciclo de la Amistad creciente. Podría objetarse que en el discurso de Aristófanes ideado por Platón las causas de las mutaciones obedecen a decisiones de los dioses completamente arbitrarias y que afectan sólo a la raza humana, al contrario de los estadios concebidos por Empédocles, que dependen de las fuerzas que rigen el ciclo cósmico, la Amistad y el Odio. Sin embargo, más allá de esta diferencia que obedece al contexto en que Platón retoma el sistema empedócleo, creemos que la confrontación con la filosofía de este presocrático enriquece la intelección del discurso de Aristófanes tanto como la de los recursos intertextuales a los que Platón echa mano para construirlo, emulando tal vez los procedimientos que Aristófanes utilizaba en sus comedias. Al menos esto podemos colegir a través, por ejemplo, de la sátira de Sócrates, a quien presenta como prototipo de los filósofos naturalistas –entre los que por otra parte habría que contar a Empédocles– en *Nubes* o de los poetas trágicos en *Ranas*.

En lo que respecta al sentido del discurso, en general ha tendido a sobrestimarse el comentario de la *Apología* en que se sindica a Aristófanes como responsable indirecto de la condena a Sócrates. Así Robin [(1964), p. LXVIss.] lo considera un personaje del todo grotesco, mientras Bury [(1932, p. XXXss.], que reconoce en su discurso un avance respecto de los precedentes, hace hincapié en la dificultad de evaluar con precisión los alcances de su intención lúdica. Rowe [1998, p. 153ss.], por su parte, no le reconoce méritos especiales ni rasgos que lo hagan más valioso que el resto de los discursos previos al de Sócrates. En la línea exegética contraria se reúnen aquellos que ven en el discurso de Aristófanes una pequeña obra maestra por su estilo o por su contenido. En este sentido se ha querido ver aquí una intuición profunda sobre el estado de enamoramiento (Fierro, 1999) e incluso la posibilidad de que el ambiguo estilo de estos pasajes permitan pensar que Aristófanes pueda ser el varón que compone a la vez tragedia y comedia que se menciona al final del *Banquete* (Juliá, 1999).

Tras el discurso de Aristófanes, sólo quedan por hablar Agatón y Sócrates, ante lo cual este último llama la atención sobre las supuestas desventajas de hablar en último término teniendo antes buenos oradores. Tras una intervención de Agatón comienza entre ambos un diálogo al estilo socrático que Fedro interrumpe instando a Agatón a pronunciar su discurso.

Quinto discurso: Agatón

El discurso de Agatón cierra la serie de los primeros cinco discursos. El papel que desempeña en relación con éstos y con la sección final del *Banquete*, creemos, es de fundamental importancia, ya que funciona en lo que queda de la obra como la síntesis de los aportes anteriores. En estos cinco primeros discursos es posible descubrir una progresión que unifica la serie, según la cual cada orador se ha afanado por subrayar que su discurso constituía un avance respecto de los que lo habían precedido. Fiel a esta característica, Agatón pretende corregir lo que fue el origen mismo de los discursos precedentes, y, podríamos pensar, sobre todo en vistas de que éste va a ser el discurso más elogiado y festejado por los asistentes, que Agatón perfecciona y resume el común denominador de los aportes anteriores, por más disímiles que puedan ser entre ellos, y se erige como su prototipo. Por otra parte, el nexo de unión de estos cinco primeros discursos está dado por la contraposición que efectúa Platón entre éstos y la filosofía, en lo que respecta a la relación con la verdad. Si bien todos los asistentes, utilizando cada uno el género discursivo que mejor conviene a su actividad, coinciden en mayor o menor medida en su pretensión de decir el saber, el único orador que lo hace realmente es Sócrates, en tanto la única disciplina que puede reclamar para sí esa función es la filosofía. Para estructurar esta contradicción Platón plantea una oposición en la que Agatón es portavoz de los géneros no filosóficos. Así es que cuando Agatón termina de hablar y Sócrates inicia con él el diálogo que da por tierra con sus afirmaciones, lo que queda en el camino es más que la argumentación de Agatón, ya que con él caen también todos los discursos anteriores al suyo. Agatón, como dueño de casa, como varón exitoso y vencedor en un certamen, resume a los oradores anteriores y es su portavoz ante la filosofía, encarnada por Sócrates.

Agatón, el poeta trágico, dueño de casa, es mencionado también en *Protágoras* 193b, donde aparece como un jovencito, favorito de Pausanias, pareja que continúa teniendo en *Banquete* y de la que da cuenta también Jenofonte en *Banquete* 8.32. De Agatón como poeta, poco podemos decir. Su obra se ha conservado de manera muy fragmentaria, de modo que la reconstrucción de su estilo se vuelve sumamente difícil. Era más de treinta años menor que Eurípides, pertenecía a una nueva generación de trágicos, pero las evidencias que nos han llegado no precisan con claridad cuál era la novedad de su obra. Las citas que tenemos de su trabajo real son muy cortas, pero algunas de ellas muestran una tendencia a los modelos de simetría verbal, como por ejemplo: "El éxito atrae la destreza, la destreza atrae el éxito" (fr. 6); "Ahora, si yo digo la verdad no estaré satisfecho,/ y si estoy satisfecho no diré la verdad" (fr. 12). Los ejemplos de fraseología paralela y aliteración están presentes también en el *Banquete*, y las frases como "No es la intriga lo que conviene oponer a la desgracia sino la paciencia" que Aristófanes pone en boca de Agatón en *Tesmoforiantes* 198-9 pueden haber estado cerca del estilo de Agatón, o incluso quizá sea ésta una cita real de una de sus tragedias, que Aristófanes luego satiriza.

Llamativamente, nos han llegado más datos de Agatón como personaje de otras obras que datos de las tragedias de su autoría. En efecto, es personaje en el *Banquete* y en la antes mencionada *Tesmoforiantes*, una comedia de Aristófanes –otro personaje del *Banquete*– compuesta en el 411. El tema principal de esta obra es la desavenencia entre Eurípides y las mujeres atenienses, sin duda apoyándose en el conocido tópico de la misoginia de Eurípides como razón de que pusiera en escena mujeres tomadas por sentimientos irrefrenables que se arrojan a conductas reprochables, como Medea, en la obra homónima o Fedra, en el *Hipólito*.

La obra muestra a las mujeres en un festival típicamente femenino, el de las Tesmoforias, ocupadas en organizar un complot contra Eurípides, que advertido de esto consigue que un viejo pariente se vista como una mujer y asista al festival para evitar la venganza. En el prólogo, Eurípides, acompañado por su viejo pariente, va a la casa de Agatón a pedir ayuda[26]. Las bromas de Aristófanes permiten componer una imagen general de Agatón. Al parecer tenía una apariencia naturalmente bonita, algo sobre lo cual se hace hincapié también en *Banquete*, pero Aristófanes subraya además su actitud afeminada y su voz aguda (vv. 191-2), así como el hecho de que él cultivaba esta apariencia deliberadamente afeitándose la barba (v. 172), lo cual no era una práctica normal entre los hombres atenienses, y que disfrutaba del intercambio homosexual pasivo (vv. 200, 206). El afeminamiento de Agatón es en *Tesmoforiantes* tan marcado que usa ropas de mujer, por lo cual el pariente, a primera vista, piensa que es realmente una mujer (vv. 97-8), para luego sorprenderse con la extraña mezcla de prendas y atributos masculinos y femeninos (vv. 134-43).

En el *Banquete* sólo se nos dice que Agatón es bello y no se lo presenta como especialmente afeminado. Podría pensarse que la última parte del discurso de Aristófanes, que tiene un marcado matiz burlón e irónico, es una referencia a esta característica. Aristófanes acaba de decir que los que practican la homosexualidad masculina son en realidad aquellos donde la hombría se encuentra en estado más puro. A continuación, entonces, menciona a Pausanias y Agatón, tal vez porque precisamente este último parece una contraprueba a su afirmación. En efecto, el supuesto afeminamiento de Agatón, a juzgar por la descripción que el Aristófanes real hace de él en las *Tesmoforiantes*, no parece un buen ejemplo. Como contrapartida, Sócrates dice poco después que Agatón se comportó frente al público en el teatro con hombría y arrogancia (194b). A falta de otras fuentes es difícil saber hasta dónde exageran las bromas de Aristófanes.

Agatón reclama originalidad para su discurso afirmando que va a ser consecuente con los principios metodológicos que declara (194e-195a). La originalidad consiste precisamente en esta coherencia, pues ya desde el discurso de Fedro encontramos que es necesario analizar la naturaleza de *éros* para luego colegir a partir de ella sus efectos sobre los hombres. Ya hemos dicho que Fedro no cumple con esta preceptiva, y tampoco en rigor los oradores que siguen, por lo cual Agatón, más que sentar nuevas bases, vuelve a resaltar la importancia del principio metodológico enunciado pero no respetado. A diferencia de Fedro, Agatón dedicará la mayor parte de su discurso a indagar la naturaleza de *éros* para determinar que ésta reside en su belleza. La intención polémica respecto del discurso de Fedro es evidente cuando poco después, nombrándolo directamente, afirma que *éros* no es el más antiguo sino el más joven de los dioses. Es probable que las críticas directas a Fedro estén dadas en las coincidencias básicas del registro que ambos dan a sus discursos y que se asemeja en mucho al discurso retórico. Ambos son estructuralmente simples, estilísticamente atractivos pero con poca profundidad y ambos hacen uso repetido de los lugares mitológicos y literarios del acervo cultural griego para fundamentar las atribuciones que hacen respecto de la naturaleza de *éros* y sus efectos. Es de esperar que frente a estas coincidencias Agatón se preocupe por marcar las diferencias que separan a su discurso del de su predecesor.

Agatón postula en seguida cuál le parece que es la naturaleza de *éros*. En este sentido dice que "es el más feliz por ser el más hermoso y el mejor" (195a), esto es, hermosura y virtud serán sus características definitorias. Los pasos siguientes están orientados a mostrar en qué reside su hermosura y cómo puede esto respaldarse en los datos de la tradición. Así, será el más joven (195b), pues huye de la vejez y no estaba entre los dioses desde el principio, pues de haber estado no hubieran estado sujetos a las guerras intestinas que los aquejaron hasta la instauración del reino de Zeus. La segunda muestra de su belleza es su delicadeza (195c), que Agatón considera probada en su habitar el alma de los dioses y los hombres. Es además flexible y elegante (196a). En cuanto a la virtud de *éros*, Agatón despliega sus mejores juegos verbales (cf. Rowe [1998, p. 163-4]) para mostrar que es justo, temperante, valiente y sabio, las cuatro virtudes cardinales que encontramos, por ejemplo, en *República* IV, 196b-197b. Para probar esta última virtud hace de *éros* el causante de las artes, incluyendo la de gobernar a dioses y hombres (196e-197b).

Finalmente, habiendo establecido que *éros* es el más hermoso y el mejor, Agatón afirma que sus efectos derivan de esta naturaleza y no pueden ser sino semejantes a ella, por lo cual puede proceder a atribuirle cuantas cosas hermosas y buenas se le ocurren. Es de notar que Agatón cierra su discurso con una curiosa afirmación sobre el perfil de su discurso, diciendo de él que participa tanto de diversión como de mesurada seriedad (197e). Se ha notado más de una vez que esta declaración de haber estado en medio de un juego es similar a la que cierra el *Encomio de Helena* de Gorgias, quien dice que la obra constituye en realidad un *paígnion*, un juego. Agatón no llega aquí a decir eso, sino que pretende que sus palabras tienen también rasgos dignos de ser considerados. Lo que sí queda claro es que Agatón es consciente de que sus argumentos no soportan un análisis serio, tal como inexorablemente procederá a demostrar Sócrates.

Sexto discurso: Sócrates

Cuando Agatón terminó de hablar recibió múltiples señales de asentimiento, ante lo cual se nos presenta un pasaje en que brilla la ironía: Sócrates declara su imposibilidad de cumplir con la promesa de pronunciar su alabanza y proclama su incompetencia retórica. Se retracta, así, de su promesa de hacer un elogio de Eros, arguyendo que lo que han hecho los demás es atribuirle indiscriminadamente cualidades consideradas bellas sin preocuparse en verificar si realmente le son propias. El distanciamiento radical de Sócrates respecto de los oradores anteriores es dejado bien claro en el pasaje 198d–199b, en el cual tipifica todos sus aportes dentro de una misma categoría: el encomio pomposo e insensible al contenido de verdad de sus declaraciones. Si bien esta crítica parece enrolarse en los reparos que todos los oradores han formulado respecto de los precedentes, esta parece ser más radical porque pone en duda el formato general al que se han avenido todos los discursos anteriores.

La intención de Agatón de escudriñar la naturaleza de Eros ha sido adecuada, pero no es luego consecuente con esta premisa original, a tal punto que tras el diálogo que entabla con Sócrates deberá admitir que ya no puede sostener lo que dijo en su discurso y que en realidad no sabía lo que decía (201b-c). Sócrates responde a este reconocimiento de ignorancia con un lacónico: "Y eso que hablaste bellamente", con lo cual se subraya la necesidad de no dejarse engañar por la belleza del lenguaje y los artificios de la retórica con que han brillado los discursos precedentes. Él, por el contrario, coherentemente con lo que ha declarado (199b), no intentará pronunciar su discurso en el tono retórico de sus predecesores sino que lo hará "con el léxico y ordenación de vocablos que buenamente salga", y esa orde-

nación es un diálogo, o más bien una serie de preguntas dirigi-
das a Agatón que oficiarán como introducción al relato de las
enseñanzas de Diotima de Mantinea. En el diálogo con Agatón,
Sócrates elogia el principio por aquél reconocido, en el sentido
de establecer la naturaleza de Eros como condición previa a toda
determinación de sus efectos (199c), pero a continuación inicia
un giro que trastrocará definitivamente la conceptualización que
propuso Agatón. Los pasos de la argumentación socrática pueden sintetizarse como sigue:

1) Se establece su carácter relacional; esto es, el amor es siempre amor respecto de algo (199e)

2) Se precisa que ese algo es algo que no se posee, con lo
cual Eros queda configurado como carente[27].

3) Se retoma la idea de que Eros debe ser amor de lo bello,
con lo cual necesariamente debe carecer de belleza (201c).

5) Se opera de acuerdo con la concepción griega de la
kalokagathía; esto es, la creencia de que lo bello (*kalós*) es
necesariamente a la vez bueno (*agathós*).

6) Si esto es así, entonces Eros tampoco es bueno (201c).

Con este cambio radical de perspectiva respecto de la naturaleza de Eros que lo configura como falto de belleza y bondad,
procede Sócrates a interrumpir el diálogo con Agatón para pasar a relatar las enseñanzas de Diotima de Mantinea. Los términos del diálogo con Agatón habrían sido una reedición de un
diálogo en el que Sócrates habría esgrimido los argumentos de
Agatón y habría sido refutado por Diotima como él lo hizo ahora con aquél.

El personaje de Diotima es enigmático desde todo punto de
vista. La sacerdotisa de Mantinea fue considerada una mujer
real por varios autores de la antigüedad, aunque en verdad hay
muy pocos elementos que permitan colegir su efectiva existencia. Un punto que ha sido repetidamente señalado en relación
con Diotima es el hecho de que sea una mujer la que señala a

Sócrates el camino hacia el plano Ideal y en especial hacia la Idea de Belleza. Así como en el *Menéxeno* es Aspasia la que ha enseñado a Pericles, es Diotima la que ha mostrado el saber a Sócrates y es también una mujer, en el *Critón*, la que se presenta a Sócrates en una visión para anunciarle lo que vendrá. Más allá de las cuestiones sobre la historicidad del personaje de Diotima y de las conclusiones que su género pudiera despertar en relación con la concepción que Platón tiene acerca de la mujer, esta sacerdotisa será la encargada de guiar a Sócrates, así como a los interlocutores de Apolodoro y a nosotros lectores contemporáneos por los caminos de *éros*.

Efectivamente la argumentación que Sócrates lleva a cabo frente a Agatón continúa en boca de Diotima y Sócrates relata cómo en su momento se sorprendió de sus conclusiones tanto como Agatón se sorprendió de las suyas. Su reacción de desconcierto lo había llevado a preguntar a Diotima si, ya que Eros no es bello y bueno, entonces Eros es feo y malo (201e), ante lo cual Diotima objetó este tipo de pensamiento polar, que considera que aquello que no es bello tiene que ser necesariamente lo contrario, y llamó la atención sobre lo intermedio (*metaxú*) entre ambas cosas (202a). Así como entre la sabiduría y la ignorancia está la recta opinión, del mismo modo Eros no es ni bello ni feo sino algo intermedio (202b). Eso atañe incluso a su *status* ontológico, pues afirma que no es un dios, ya que no tiene los atributos de plenitud que convienen a los dioses (202c-d), aunque por supuesto tampoco un mortal, sino un 'genio', un '*daímon*', uno de esos seres intermedios entre dioses y hombres que ofician de intérpretes entre ambos dando unidad al mundo y sus distintos planos (202e). El *éros* es intermedio en tanto por un lado no es ni bueno ni malo y no es ni bello ni feo, esto es, es un intermedio entre los extremos de belleza/fealdad y bondad/maldad, y por otro lo es porque se encuentra entre lo humano y lo divino y posee la capacidad unificadora y sintetizadora de ámbitos diferentes. Esta naturaleza es la que lo configura como un *daímon*, y por lo tanto un elemento de conexión entre dioses y hombres, donde Platón toma una configuración de los *daímones* tributaria de la tradición hesiódica (cf. *Trabajos y días* 121, 252, 109) en la que cumplen esta función [28]. Más adelante encontraremos otra categorización de *éros* dependiente de esta naturaleza 'intermediaria': la que lo define como 'filósofo'.

Ante la requisitoria de Sócrates sobre su origen Diotima relata el mito del nacimiento de Eros. Tal como hizo Fedro en su discurso, se refiere a su origen para explicar sus cualidades, sólo que el relato que Diotima elige es radicalmente distinto del de Fedro. En primer lugar, son determinantes las circunstancias de su concepción el día del nacimiento de Afrodita, lo que lo coloca en relación con ella y marca su deseo de belleza. Por otra parte, aquí no sólo Eros tiene padres sino que son padres muy particulares: Poro y Penía, el Recurso y la Pobreza. De dos seres que encarnan los polos de plenitud y carencia, surge un ser intermedio, carente pero con las habilidades como para procurarse lo que desea (203b-e). Digno de notar es que además de esta condición que escapa tanto a la pobreza como a la riqueza, se desprende además la cualidad de filósofo que le atañe, en tanto no es ni ignorante ni sabio (204a), pues un sabio no busca la sabiduría, porque ya la tiene y tampoco la buscan los ignorantes, porque creen no necesitarla, según el principio de que sólo se desea lo que no se tiene, pero a condición de advertir dicha falta.

Esto condice con la caraterística básica de Eros como amor por la belleza, ya que según se dice, el objeto de la filosofía, esto es la sabiduría misma, es bella. Diotima explica incluso de dónde proviene el equívoco de Sócrates (y de Agatón y por extensión de los hombres en general) diciendo que se confunde a Eros con el amado, cuando debería ser considerado como el amante. La concepción asimétrica que hemos resaltado en la comprensión de la relación amorosa hace de ambos caracteres muy diferentes; así el amado reúne todas las cualidades amables que se le habían atribuido a Eros con anterioridad, pero el amante no tiene por qué tenerlas, sino que está instalado en el deseo y por lo tanto en la carencia que Diotima ha subrayado.

En consonancia con el principio que Sócrates ha alabado en el discurso de Agatón, Diotima se encamina ahora a establecer los efectos del amor en la vida humana. Básandose nuevamente en la equivalencia de las nociones de bello y bueno, se concluye que el que desea las cosas buenas lo hace en vistas de la felicidad, un fin en sí mismo (205a), y esto es común a todos los hombres. A partir de este punto Diotima amplía los alcances de Eros estableciendo un paralelo entre lo que sucede con el término *poíesis*, 'creación', en tanto suele utilizárselo, tal como ha sido legado a las lenguas modernas a través del latín, en el sentido de 'poesía', mientras su sentido etimológico es mucho más amplio y deriva de la raíz presente en el verbo *poíeo* 'hacer', con lo cual Diotima llama la atención sobre la restricción del ámbito de aplicación de este término: cuando, en realidad, por su sentido etimológico, debiera aplicarse a todo hacedor, por el contrario, se lo circunscribe a un campo específico de hacedores y se lo niega al resto[29]. Lo mismo sucede con Eros, que se aplica sólo a un tipo específico de relaciones y se ignora su manifestación en otros ámbitos. Tras la ampliación, Eros se redefine como todo deseo de las cosas buenas y de ser feliz (205d), pero este deseo no es abstracto sino que se orienta a la posesión del bien (206a).

Inmediatamente incorpora Diotima una nueva noción, que introduce en el *Banquete* el problema de la inmortalidad. En efecto, esto es así ya que se dice que no sólo se busca poseer el bien sino también poseerlo *siempre,* con lo cual *éros* queda definido como "el deseo de poseer siempre el bien" (206b). El deseo profundo hacia la inmortalidad es lo que despierta en los seres humanos el deseo de procrear, y ese deseo se hace efectivo cuando se contempla lo bello, por lo cual Diotima propone una nueva definición de *éros* no como deseo de lo de bello —como se había esbozado tentativamente en 201c–, sino como el deseo de *procreación* en lo bello (206e), por lo cual *éros* es también deseo de inmortalidad (207a). La efectividad de este principio puede verificarse en el impulso sexual que inunda el mundo de los seres vivos y que los hace reproducirse como un modo de perpetuarse no en sí mismos sino a través de su descendencia (207a-208b). Este modo de inmortalidad es común no sólo a los humanos sino también a los animales y es por eso mismo el más básico, pero no el único, pues lo que Diotima pasa a delinear es un ascenso amoroso que los hombres pueden realizar y que consiste en una serie de escalones que van desde lo más común y accesible, que el hombre comparte incluso con los animales, hasta la experiencia única que es privativa del filósofo. Se subraya así la capacidad creadora de todos los seres y se le da un sentido al deseo de lo bello que no se limita a la mera posesión sino que está guiado por la necesidad intrínseca de todos los seres de manifestarse a través de la creación en sus distintos tipos. La belleza es deseada por los seres en tanto condición de posibilidad de la realización de su naturaleza creativa, que es además la vía de su perpetuación y la que conecta a los seres con la inmortalidad.

De este modo, la procreación carnal no es la única manifestación de *éros*, aunque suela ser tomada como la única, pues no sólo se puede buscar la inmortalidad según el cuerpo, sino también según el alma. En efecto, el hombre posee formas específicas de búsqueda de inmortalidad que están cifradas en ella: la inmortalidad que confiere la fama (208c-e) y la que se logra mediante el ejercicio de la labor intelectual, artística o legislativa (208e-209e). Tras esta descripción Diotima prepara a Sócrates para una suprema revelación que está en relación, a su vez, con la prístina naturaleza de *éros*. Lo que Diotima va a revelar a Sócrates, pero cuya intelección depende en grado sumo de su capacidad para captarlo[30], es la razón misma que vivifica todo este ordenamiento y que ilumina la actitud que es necesario tomar para ajustarse a ella. Así, Diotima traza los peldaños del ascenso: de los cuerpos bellos a un cuerpo bello, y de ahí a la belleza en el alma que conduce a la belleza en las normas de conducta, las leyes y las ciencias. Existe un peldaño superior que es accesible sólo a unos pocos y consiste en la contemplación de la Belleza en sí, que es absoluta en su perfección y trasciende todos los objetos bellos siendo a la vez, por participación, razón de todos ellos (210a-211e). La contemplación de la Belleza en sí hace al hombre verdaderamente feliz, lo capacita para producir virtud verdadera, en lo cual consiste el mayor grado humano de inmortalidad (212a).

El ascenso amoroso constituye el medio que permite al hombre atisbar el plano de lo inteligible y pone de manifiesto los alcances del rol mediador de *éros*. Es de notar a la vez que este ascenso no puede ser entendido como una sublimación de las formas más carnales del amor en otras más abstractas o espirituales, sino que en la formulación platónica nos encontramos frente a un encauzamiento de *éros* hacia su legítima y más verdadera vía. Las formas más generalmente aceptadas de *éros* no son sus manifestaciones más naturales sino que dan cuenta del sentido restringido en que suele entendérselo, *i.e.* se lo limita extrínsecamente. La ampliación de su espectro abre la posibilidad de superar las manifestaciones inferiores a través del ascenso.

Es interesante remitirnos aquí a la línea interpretativa propuesta por Fierro (1998) basada en la unidad de forma y contenido que caracteriza la obra de Platón en general y el *Banquete* muy particularmente, donde lo filosófico y lo literario están inextricablemente unidos y no son susceptibles de distinción. En este sentido, esta autora propone una lectura que correlaciona los modos de argumentación con el tipo de descripción de *éros* que se realiza en cada caso. Así, la primera parte de la intervención socrática corresponde al diálogo que mantiene con Agatón y que está en relación con la primera parte del diálogo que

Sócrates mismo habría mantenido con Diotima. Esta primera aproximación al problema del *éros* (199b-201c) consiste, a juicio de Fierro, en una descripción formal en la cual se lo presenta en su carácter relacional respecto de un objeto, en la 'relación diádica' con lo bello que lo configura como carente.

La segunda parte de la intervención socrática, constituida por el relato de las enseñanzas de Diotima, presenta dos nuevos tipos de descripción. La primera es de tipo dinámico-óntica (201d-210e) y en ella se despliegan los contenidos ónticos presentes en la descripción formal ya realizada, pues en la descripción formal se dice muy poco respecto del comportamiento del *éros* frente a su objeto. Así, en esta sección se presentará primero el mito del nacimiento de *éros* que da cuenta, por medio de un relato etiológico, de su doble naturaleza y se procede luego, tal como lo marcaba el plan previo, a descubrir los efectos sobre el hombre que se plasman en la búsqueda de la inmortalidad, que se concreta a su vez mediante distintas vías, esto es, mediante la procreación según el cuerpo y según el alma (206b-210b). En consonancia con esto se presenta el esquema del ascenso amoroso, orientado a mostrar el incremento óntico del amor en relación con la calidad de belleza que se configura como su objeto y materia de procreación (209e-210d). La segunda, que corresponde a la parte final del discurso de Sócrates/Diotima (210e-212a), constituye una descripción metafísica en la cual se pone de relieve el momento de captación de la Belleza en sí que abre esta dimensión última e ilumina todo el proceso.

Estas tres descripciones se corresponden con tres recursos discursivos que se conjugan para estructurar la inteligibilidad del pasaje. Así, la descripción formal está compuesta sobre el diálogo refutativo que coloca a Agatón –y al lector en general– ante la vacuidad de los saberes usuales y en una situación similar a la que se describe en el *éros*, esto es, en estado de carencia. Es de notar que este pasaje aúna a la refutación la construcción de una doctrina positiva que se plasma en la descripción formal de la estructura del *éros*. La descripción dinámico-óntica se vale de una exposición 'hipotética' en la que se explicitan y concatenan afirmaciones que comienzan a reconstruir el saber respecto de *éros*, pero este saber, en tanto hipotético es provisorio y carece todavía de un fundamento último que será alcanzado recién en la descripción metafísica, que utiliza para expresarse de un discurso dialéctico que completa el sentido de los pasos anteriores y revela la Idea de Belleza como objeto pleno y definitivo del *éros*.

Es de notar, finalmente, en lo que respecta al discurso de Sócrates-Diotima, que el aprendizaje de Sócrates junto a la sacerdotisa de Mantinea fue progresivo, tal como él mismo afirma en el pasaje 207a. Esto es, lo que Sócrates ofrece a sus oyentes no es el resultado de haberla escuchado una vez, sino el resultado acumulado de reiteradas búsquedas graduadas en lo que hace a su profundidad. Diotima no presenta de golpe la noción de la Belleza en sí y su función global sino tras una cierta cantidad de charlas introductorias. Por esta razón, si bien el discurso que Sócrates pronuncia en casa de Agatón es una síntesis de sus enseñanzas, no puede parangonarse con la captación progresiva de la enseñanza original que tiene evidentes similitudes con los sucesivos pasos que propone el ascenso amoroso, cuyo clímax, constituido por la captación de la Idea de Belleza, puede homologarse a la presentación que Diotima hace a Sócrates de su existencia sólo tras una cuidadosa preparación en la cual su capacidad para comprender las cuestiones de *éros* se ha ido aguzando. Los oyentes tienen aquí, entonces, la posibilidad de vislumbrar el camino, pero para seguirlo cabalmente les será preciso reconstruir vitalmente los pasos del ascenso para llegar al último peldaño preparados para la captación de lo perfecto.

Séptimo discurso: Alcibíades

Cuando Sócrates hubo terminado su discurso se produce la

irrupción de Alcibíades borracho y secundado por un coro de juerguistas. Este último invitado no necesita demasiada presentación y su relevancia para la historia griega de este período ha sido repetidamente subrayada por fuentes antiguas y modernas. Este ateniense noble de singular belleza y talento que después de la muerte de su padre en el 446 fue educado por Pericles, conoció a Sócrates desde su juventud y participó junto a él en el sitio de Potidea entre el 432 y el 430, de lo cual da cuenta el pasaje 219e-221c. En el 420, con treinta años, la edad mínima requerida, fue nombrado estratega y militó activamente en las filas del partido democrático. En 416, el mismo año de la victoria de Agatón y del emplazamiento del *Banquete*, estalló en Atenas el escándalo de la mutilación de los Hermes y la profanación de los Misterios de Eleusis que señalaba a Alcibíades como uno de los ejecutores del delito religioso. El juicio que se inició se convirtió muy pronto en una caza de brujas que sembró el terror entre los ciudadanos y muchos acusados fueron condenados a muerte. A pesar de estar entre los principales implicados Alcibíades escapó a este peligro dado que para esa época se estaba preparando la expedición a Sicilia que debía estar dirigida por él. En su caso, entonces, se decidió autorizar su partida y postergar el enjuiciamiento hasta la vuelta de la expedición que culminó en un estruendoso fracaso. Alcibíades, sin embargo, no volvió a Atenas sino que se dirigió a Turium, y comenzó pronto a prestar servicios al bando espartano. Los jueces atenienses lo condenaron a muerte *in absentia* y confiscaron sus propiedades, pero la relación entre Alcibíades y Atenas estaba lejos de clausurarse.

Las reconciliaciones y nuevos enconos se sucedieron: en el 407, la restaurada democracia lo hizo uno de sus comandantes, pero tras la derrota de Notium, emprendida contra sus órdenes, el desprestigio llevó a que no lo mantuvieran en su cargo. Es de notar, sin embargo, que su presencia seguía siendo considerada clave, ya que en las *Ranas* de Aristófanes, del año 405, una de las cuestiones centrales con que se pone a prueba la sabiduría de Esquilo y Eurípides es precisamente su opinión acerca de la posición que los atenienses deben tomar acerca de Alcibíades, esto es, llamarlo y ponerlo al mando de sus ejércitos en decadencia o mantenerlo alejado. Es finalmente asesinado en Frigia en el 404, tal vez por mandato del gobierno instaurado en Atenas tras la derrota ante Esparta.

La figura de Alcibíades en el *Banquete*, tal como parece haberlo sido el original, es todo menos tibia. Platón delinea para él una entrada espectacular y un rol muy particular en la economía de la obra. Después de coronar a Agatón con hiedras, violetas y cintas se sorprende de encontrar allí a Sócrates y comienza una especie de reyerta que culmina con Alcibíades coronando a Sócrates por ser vencedor habitual en los discursos. Ante el llamado de atención de Erixímaco (214b-c) Alcibíades acepta atenerse a las pautas de la reunión y hacer un discurso, pero no respecto de Eros sino de Sócrates. Es de notar, por otra parte, en relación con el papel que va a desempeñar Alcibíades, que éste se compromete no meramente a hacer una alabanza sino a decir la verdad (214e), e invita a Sócrates a intervenir en el caso de que falte a esta premisa, algo que nunca sucede y que podemos lícitamente interpretar como un indicio de que Alcibíades cumple acabadamente con su compromiso original.

Abundan las lecturas que subrayan la importancia del personaje de Alcibíades para la intelección de la trama del *Banquete*. Entre las interpretaciones contemporáneas podemos mencionar la que formula J. Lacan en el *Seminario La Transferencia*, en la cual subraya el trasfondo de las conductas puestas en juego en 213ss., pasaje que pone en escena el complicado triángulo de seducción y recelos entre Sócrates, Alcibíades y Agatón. Ch. Rowe (1998a, p. 59-64), por su parte, coloca a Alcibíades como juez entre Agatón y Sócrates. Ya hemos dicho que Agatón puede ser considerado, en tanto es el dueño de casa y el orador más festejado, como el que resume todos los aportes anteriores, en tanto representante de los 'saberes' no filosóficos. Frente a éste se yergue el discurso de Sócrates, la voz de la filosofía. Rowe tiene en cuenta el pasaje de 175c en el que, en el marco del diálogo introductorio, el mismo Agatón advierte que la disputa en torno de la sabiduría de ambos sería resuelta por Dioniso como juez. El Alcibíades borracho que irrumpe sobre el final vendría entonces a encarnar ese magistrado, que no necesitó escuchar los respectivos discursos para elegir al vencedor, pues sabía de antemano que Sócrates *siempre* hacía discursos bellos en un peculiar sentido: su belleza reposaba en su carácter de verdaderos, algo a lo que seguramente no podían aspirar las inspiradas palabras de Agatón.

M. Nussbaum (1997, p. 232-268) postula, a su vez, que la intervención de Alcibíades es clave en la exégesis del *Banquete* en tanto su postulación constituye una teoría sobre Eros alternativa a la de Diotima. Según esta interpretación, mientras el discurso de esta última versaría sobre el amor desde el punto de vista filosófico, donde el amor hacia los individuos es superado en el amor por la Belleza, el discurso de Alcibíades estaría centrado en el amor a un individuo en particular y permitiría dar cuenta así de la experiencia humana del amor bajo la forma del enamoramiento. En el *Banquete* asistiríamos, así, a la contraposición de dos perspectivas sobre Eros incompatibles y en trágico conflicto. Son muchos, sin embargo, los argumentos que pueden oponerse a esta interpretación, que está formulada con ingenio, pero esconde inconsecuencias inadmisibles. Las similitudes entre el retrato de Sócrates por Alcibíades y la caracterización de Eros desarrollado por Diotima son numerosas, especialmente si se tiene en cuenta la descripción de Eros que se realiza en ocasión del mito de su nacimiento en 203c y los rasgos de Sócrates que Alcibíades descubre a través de las sucesivas anécdotas que relata. A la vista de estas coincidencias no hay dudas de que en el discurso de Alcibíades Platón vierte las ideas básicas del discurso de Sócrates/Diotima bajo otra forma. Resta entonces determinar en qué consiste la especificidad de su punto de vista.

A nuestro juicio, la intervención de Alcibíades podría leerse desde dos perspectivas básicas que incluyen tanto el contenido como la construcción escénica que Platón despliega en torno de esta singular figura: por un lado Alcibíades es necesario para iluminar el discurso de Sócrates, y por otro, en esta necesidad se incluye que Alcibíades esté borracho.

En efecto, en 215a Alcibíades declara que va a construir un discurso mediante imágenes (*eikónes*) que tienen por fin la verdad. Es de notar que el recurso de las imágenes y alegorías que recorren la obra platónica en momentos clave está también aquí presente. Pero además, este acceso plástico, mediante imágenes y ejemplos, permite vivenciar desde los hechos lo que Diotima presenta desde el punto de vista teórico. Así, Alcibíades compara a Sócrates con un sileno en 215a y con las estatuillas guardadas en cajas chinas en 216d-e. Entre los ejemplos vitales se cuenta el emotivo relato de los desencuentros amorosos entre Alcibíades y Sócrates, su peculiar actitud frente al sexo en 218b-219d y finalmente su actuación en una situación de guerra, durante el sitio de Potidea en 219e-221c. En este episodio Alcibíades se detiene en el relato de la resistencia de Sócrates frente a las inclemencias de este tipo de vida y frente a los efectos de la bebida, algo que también se menciona en otros pasajes. El estado de trance que se relata en 220c-d pone de manifiesto una caraterística central para la intelección del perfil de Sócrates: él hace sobrio lo que los otros hacen borrachos, esto es, logra gozo de manera consciente, despierto, con razón y no necesita recurrir a sucedáneos externos para lograrlo Frente a esto Alcibíades se yergue como el personaje inspirado algo a lo que sin duda apunta el hecho de que llegue ebrio y coronado de hiedra. Alcibíades, sin embargo, no es un ebrio más, sino que sus dones naturales le permiten trascender la visión superficial y su carácter de inspirado es lo que lo hace capaz de vislumbrar perfiles de Sócrates que se hallan ocultos para el resto. Pero tiene todavía una gran desventaja respecto de Sócrates: en efecto, está limitado por su dependencia de estos sucedáneos externos, y tal vez sea por eso que causa horror a Sócrates (213c). De valernos de la escala ascendente que traza Diotima, habría que decir que Alcibíades no está en condiciones de trascender el estadio de amor a los cuerpos bellos, pero sí lo está para lograr captar la capacidad de Sócrates para acceder a otras instancias.

La presencia del personaje de Alcibíades refuerza la inteligibilidad del discurso de Sócrates porque suma a la densidad teórica del discurso de Diotima, la *sympátheia* del acercamiento vital que proporciona esta visión respecto de Sócrates y sus actitudes y opciones frente a situaciones concretas en las cuales se diferencia del resto de los hombres. Esta misión aclaratoria del discurso parece estar subrayado en 221c-222b, en donde se pone de manifiesto el riesgo que entraña el estilo socrático, ya que su estructura dialógica simple y llana, llena de referencias a objetos y situaciones cotidianas (221e), oculta, como los silenos que se abren, el único tipo de discurso que merece ser considerado profundo y verdadero. El discurso de Alcibíades constituye así una llamada de atención sobre el *status* del discurso de Sócrates dentro de la obra y oficia como una admonición ante la idea de tratarlo como un discurso más entre los otros. Por el contrario, aquí se subraya su peculiaridad y el hecho de que no deben ser razones estéticas las que lleven a decidirse por su valor, tal como parecen hacer los asistentes al banquete[31], sino que las palabras de Sócrates deben ser objeto de una exégesis más detenida ya que su belleza no es superficial y aparente sino que se muestra sólo a los que saben encontrarla en el interior.

Vale la pena llamar la atención sobre el pasaje 216a-c en que Alcibíades hace un *mea culpa* en que reconoce su incapacidad para seguir la vía filosófica, lo cual, si tenemos en cuenta la fecha dramática del *Banquete*, el año mismo de la desastrosa expedición a Sicilia comandada precisamente por Alcibíades, puede leerse como una referencia a las desgracias que puede ocasionar una actitud arrogante que desoye los llamamientos de la reflexión. Desde el punto de vista de Platón, probablemente sea una forma de quitar a Sócrates la responsabilidad por las acciones de Alcibíades, ya que aquí se lo retrata con plena conciencia acerca de lo que Sócrates le ofrece en relación con la verdad y las posibilidades de mejoramiento, y rechazando del mismo modo, con plena conciencia, este ofrecimiento.

El discurso de Alcibíades se cierra con una advertencia a Agatón para que no sufra junto a Sócrates los padecimientos por los que él ha pasado. Su discurso, enmarcado en la desmesura, no es celebrado como es de esperar con medidas alabanzas sino con carcajadas. Es de notar, sin embargo, que es precisamente Sócrates el que llama la atención sobre el estado de Alcibíades, en el sentido de que no se ha tratado meramente de palabras de un borracho, sino que le atribuye haber pronunciado su discurso con serenidad, esto es con conciencia y premeditación, algo que atribuye a su intención de ocupar el primer plano en las relaciones con Sócrates y Agatón, pero que sirve para subrayar el juicio socrático respecto del estado y capacidad de Alcibíades. La disputa en torno del lugar en que ha de sentarse Agatón pone de manifiesto el triángulo entre estos dos y Sócrates que ha dado lugar a las más disímiles interpretaciones. La claridad mental que le atribuye constituye un indicio de la relevancia de su discurso en el plan del *Banquete*, y el testimonio de Alcibíades sobre el valor de las palabras de Sócrates se revela, entonces, como una declaración del valor de la filosofía. Tal vez podríamos pensar que la advertencia de Alcibíades a Agatón es una advertencia a la retórica, y con ella a las demás artes que brillaron en los discursos, acerca del poder de la filosofía. En ese caso, la recriminación de Sócrates a Alcibíades de que sólo le interesa enemistarlo con Agatón, es una declaración de que la filosofía no pretende anular las demás artes, sino mejorarlas, pues ya hemos visto cómo Sócrates se ha preocupado en su discurso por corregir y mejorar los aportes hechos por los oradores anteriores. La no animadversión de Sócrates hacia el dueño de casa, como síntesis de todos los presentes, probablemente pueda interpretarse como una metáfora del origen múltiple que constituye a la filosofía como resultado del diálogo de los diversos géneros discursivos.

Epílogo

Tras el discurso de Alcibíades, entonces, el prometido discurso de Sócrates en alabanza a Agatón no puede finalmente concretárse por la entrada intempestiva de un grupo de juerguistas que termina de trastornar el carácter de la reunión. Así, varios de los comensales se retiran y los que quedan se adaptan a las características de un banquete habitual dándose algunos a la bebida, otros al sueño. Así, Apolodoro relata que Aristodemo estaba entre quienes se durmieron y que lo último que recordaba era, en el medio del festejo, una conversación entre Agatón, Aristófanes y Sócrates, donde este último pretendía que admitieran que es propio del mismo hombre componer tragedia y comedia. Las interpretaciones a este pasaje final son diversas y van desde lo anecdótico a la atribución a estas líneas de la clave exegética de toda la obra. Rowe (1998, p. 214-5) llama la atención sobre el hecho de que probablemente este pasaje esconda una referencia a la alabanza de Agatón que Sócrates no pudo pronunciar y que habría incluido, como es de esperar en Sócrates, un argumento orientado a que éste –y dadas las circunstancias también Aristófanes– acepte que si se es un poeta experto, esto es por *téchne*, se podrá componer tanto comedia como tragedia. La consecuencia habría sido que con esto estaría aceptando que ninguno de ellos tiene esta capacidad, por lo cual estarían admitiendo también que no son poetas por *téchne*, esto es, no tienen verdadero conocimiento del arte dramático. El contexto del tratamiento pla-

tónico de la poesía remite inmediatamente al lector a la oposición planteada en el *Ion*, entre conocimiento e inspiración de
las Musas, que coloca al poeta inspirado como prototipo de
ignorancia, tal como se desprende también de *Apología* 22b–c.
Si tenemos en cuenta que entre las artes en juego algunas están orientadas a objetivos específicos –la medicina a curar la
salud, la retórica a persuadir, mientras que otras pretenden
encarnar el decir sabio, tal como sucede con la poesía, no sorprende que Platón dedique un último comentario a sus riva-
les directos. Este final termina por dejar a la filosofía como
única y legítima vencedora, ya que su representante es literal-
mente el único que se mantiene en pie.

4. Los géneros y las artes

Hemos adelantado ya que uno de los dos temas principales
del *Banquete* está dado por la competición de los géneros
discursivos y el papel de la filosofía en relación con ellos. Los
cinco primeros discursos constituyen un abanico que muestra
los aspectos y características de distintos géneros que gozaban
en la época de composición del diálogo de la máxima veneración. La adscripción de las distintas piezas a los diversos saberes
no es, sin embargo, del todo fácil y las propuestas en el cuerpo
de interpretaciones es variado.

En este sentido, se ha querido encontrar, por ejemplo, una
referencia directa a los sofistas de la época. De hecho varios discursos, como el de Fedro, Pausanias y Agatón tienen innega-
bles ecos sofísticos. Así, Brochard (1940) llama al *Banquete* 'diálogo de los discípulos', siguiendo la tesis de que cada uno de
los asistentes encarna las posiciones de sendos representantes
mayores del movimiento sofístico. Pero, en rigor, no en todos
los discursos la referencia es claramente sofística. Esto podría
aplicarse en diversos grados a discursos como el de Fedro y sus

recreaciones mitológicas, el de Pausanias y su explicación de las razones que subyacen a las convenciones sociales y el de Agatón, que hace gala de su retórica pomposa y a quien Sócrates compara con Gorgias. De algún modo, con más reservas, también podría extenderse a Erixímaco, en tanto su estilo de medicina puede conectarse con las innovaciones de la época. De todas maneras, la caracterización de la sofística como único contrapunto de la filosofía ensombrece el contexto efectivo en que se desarrolló el trabajo creador de Platón. Existe un enfoque que consideramos más fructífero y que se orienta a identificar el modo en que otro géneros dramáticos emergen de la prosa platónica.

Se ha afirmado repetidamente que el surgimiento de la filosofía como género discursivo autónomo se logró en diálogo y disputa con los géneros tradicionales, algo que puede verificarse claramente en los diálogos de Platón y que es a todas luces manifiesto en el *Banquete*. En efecto, no sólo Platón sienta a una misma mesa a representantes de muy disímiles quehaceres culturales para hacerles admitir la superioridad de la filosofía sino que entre esos otros quehaceres se encuentran especialmente remarcados los símbolos de la tragedia en Agatón –el dueño de casa– y la comedia en Aristófanes. Ha sido notado, sin embargo, que los discursos de Agatón y Aristófanes no son ejemplos de sus artes respectivas. Juliá (1997 [32] y 1999) ha propuesto la lectura de los géneros dramáticos en el *Banquete* interpretando el aporte de Aristófanes como un ejemplo de tragedia, el de Sócrates/Diotima en el pasaje del nacimiento de Eros como una comedia y el de Alcibíades como un drama satírico. El relato aristofánico, más allá de su tono burlesco, entraña sin duda una pintura pesimista respecto del estado actual de la naturaleza humana, instalada en la pérdida y pagando, por designio divino, una culpa heredada. La perspectiva de los hombres buscándose infructuosamente unos a otros en la nostalgia de la mitad perdida configura sin duda un marco para la tragedia. El mito del nacimiento de Eros, por el contrario, hace que Sócrates muestre dotes de comediante, en tanto las andanzas de Poros y Penía nada tienen que envidiar a una escena de comedia ática. En cuanto al discurso de Alcibíades, la referencia a Sócrates como sátiro es bien explícita y Alcibíades mismo parece estar en consonancia con este tipo de producción.

Rowe (1998a), por su parte, recurriendo a referencias intertextuales de la obra platónica, propone interpretar que Agatón y Aristófanes encarnan ejemplos cómicos y podrían atribuirse rasgos trágicos a las palabras de Sócrates. El *Banquete* constituiría una especie de comedia sobre un tema profundo (1998, p. 8). Si se tiene en cuenta el clima de la obra, en todo caso, preferiríamos decir que es el relato vívido de una lucha jovial, y lo que tiene de alegre está en consonancia con el motivo de celebración que, además de la victoria de un grupo de tragedias, podríamos decir que es metafóricamente la celebración por el nacimiento de una disciplina. Como puede observarse, las posibilidades contempladas son numerosas y varían de un exégeta a otro.

Si la atribución de roles ciertos a cada uno de los asistentes es ardua y no parece mostrar visos de poder resolverse taxativamente, lo que sí podría asegurarse es que Platón ha querido retratar, en la variedad de asistentes, la variedad de contrincantes que la filosofía debe enfrentar. Todos pretenden ser los que más adecuadamente se acercan al saber. La rivalidad que comparten se manifiesta en las críticas abiertas o veladas que dirigen a los discursos de sus compañeros. La filosofía, encarnada aquí en Sócrates, se encuentra aquí como uno más entre los géneros que pretenden decir el saber. Las otras artes despliegan sus artilugios frente a un decir que no se envuelve en brillos sino que por eso mismo puede parecer menos valioso, pero es en realidad el único que se acerca a la verdad y no se pierde en vacuidades. El *Banquete* es, así, una forma de preparar un certamen en el que compiten las distintas concepciones, que pueden ser interpretadas como representantes de las distintas artes y en el que interviene la filosofía para mostrar que es superior.

Si tuviéramos que tentar una interpretación del rol de cada uno de los asistentes en relación con el género al que representan, diríamos que el primer discurso, el de Fedro, trae a colación la mitología, práctica cultural tradicional y profundamente arraigada en la mentalidad griega, que gozaba de profunda veneración y era el material de la poesía. Es el primero y encarna el saber más antiguo. El discurso de Pausanias representa bien la práctica sofística, imbuida de su tendencia a los exámenes sociológicos. El tercer discurso, en boca de Erixímaco, pone sobre el tapete a la medicina, reconocida como un saber fundamental y por lo tanto capaz de dar a quien la encarna autoridad para salirse de su saber específico y opinar sobre vastas áreas de la realidad. Aristófanes es aquí un dramaturgo, su tono no deja de ser algo cómico e incluso remarca la naturalidad de que su discurso sea risible, pero tal como ha sido subrayado, está lejos de seguir los patrones habituales de las comedias de la época, aun salvando las distancias entre una comedia y un discurso. Agatón es a primera vista el representante de la tragedia, y de hecho es por su talento en este ámbito que se celebra esta reunión. Sin embargo, su discurso tiene poco que ver con esta actividad y es más bien un ejercicio retórico, lo cual está puesto de relieve en la comparación que Sócrates establece entre Agatón y Gorgias. Frente a mitología, sofística, medicina, poesía y retórica se yergue la filosofía, en principio oponiéndose como tipo de discurso que por derecho se ocupa del decir sabio. A nuestro juicio el discurso de Alcibíades está fuera de la lógica de las artes y aparece aquí como la voz de un espectador lúcido que viene a dar fe de las palabras de Sócrates, o lo que es lo mismo, a garantizar, como varón inspirado, que la filosofía es el saber apto para dirimir las cuestiones fundamentales que hacen a la naturaleza humana. Las demás lo son en sus ámbitos restringidos, como la medicina, o apuntan a la armonía formal, pero no a la profundidad y veracidad de contenidos.

Los cinco primeros discursos ponen de manifiesto un punto importante que enrola el *Banquete* en una lógica mayor, en relación con la obra platónica como inauguración del discurso filosófico. Los últimos años, afectos al estudio de la génesis de los saberes, han inaugurado una nueva mirada respecto del inicio de la filosofía. Frente a las interpretaciones tradicionales que ubicaban tal comienzo en Tales, siguiendo la mención aristotélica de *Metafísica* A, 3-4, o rastreaban ya en Homero el germen de las preocupaciones que adquierion carta de ciudadanía siglos más tarde, llama ahora la atención el problema del comienzo de la filosofía en tanto tipo de discurso peculiar diferente de los restantes, ya sea poético, retórico, etc. En este sentido parece claro que no podemos hablar de un discurso filosófico propiamente dicho hasta Platón, porque, en rigor, si bien suele hablarse de filosofía desde mucho antes, examinados desde su contexto de producción, los textos presocráticos no constituyen un tipo de discurso peculiar frente al literario. Así, Teofrasto reprocha a Anaximandro, precisamente, que hable "en términos más bien poéticos" (DK 12A9), y lo mismo puede aplicarse al lenguaje oscuro de Heráclito, el verso parmenídeo o el empedócleo. La sofística, por su parte, se inclina hacia la retórica que declina sus pretensiones de decir el saber a favor de la persuasión. Es recién con Platón que se abre una nueva etapa, y la filosofía se prepara para generar la primera tentativa de construcción de un discurso propio que le permita disputar a la poesía el derecho a encarnar el decir sabio [33].

Platón iniciará la construcción de un discurso *propiamente* filosófico y sentará las bases de una conciencia de la filosofía como algo radicalmente distinto a todas las otras formas de decir el saber, aun cuando todavía en época platónica la filosofía, en cuanto a su modo discursivo, se piensa en términos más o menos vagos y aún no se la diferencia con nitidez de las demás formas, que por más antiguas, habrían ido conformando distinciones más pronunciadas –es el caso, por ejemplo, de la poesía y la retórica–. Es de notar que en la progresiva línea hacia la autonomía de las disciplinas no se había dado hasta aquí la escisión entre poesía y discurso filosófico tal como podrá evidenciarse a partir de la obra de Aristóteles. El estilo de Platón, iniciador de la toma de conciencia de las diferencias entre filosofía y poesía, no se aparta, sin embargo de los cánones estéticos que desaparecerán de la obra conservada de su discípulo. Más aún, la gran disputa que subyace a las críticas platónicas, que se deja ver ya con claridad en las palabras de la *Apología de Sócrates* dedicadas a los poetas[34] y también en el *Ion* (542a-b), consiste en que tradicionalmente se coloca a los poetas en el lugar de la sabiduría. Platón pone el acento en la necesidad de separar dos tipos de manifestaciones que no necesariamente van de la mano: la representación estética bien puede inducir a error y no siempre expresa la verdad, por lo cual es preciso gestar un nuevo tipo de expresión que tenga por meta exclusiva la manifestación de esta verdad.

De este modo, el *Banquete* como un todo es un ejemplo de la situación a la que se enfrenta el hombre en el momento de elegir su modo de vida, colocado frente a los atractivos de los diversos géneros discursivos, que encarnan a la vez el modelo de diferentes tipos vitales. Se le impone, entonces, la necesidad de elegir entre ellos y, en el mejor de los casos, de avanzar progresivamente por ellos hasta llegar al mejor. Los discursos, con sus trasfondos subyacentes, constituirían un muestreo de posibilidades entre los que se puede optar, y frente a los cuales un ojo no avezado puede perderse y no reconocer la preeminencia del que muestra lo mejor. A esta función admonitoria se debe la presencia de Alcibíades, que viene aquí a subrayar el hecho de que Sócrates con sus palabras no es uno más entre tantos, sino que bajo una forma discursiva que algunos podrían juzgar anodina y que carece del brillo de otros discursos, es el único que está en posesión de lo verdaderamente valioso.

5. Traducciones a lenguas modernas

El *Banquete* ha sido especialmente favorecido entre las traducciones de los diálogos platónicos. Entre las principales contamos en inglés con la de W. Hamilton (*Plato. The Symposium*, Penguin Books, London, 1951, reimpr. 1976 y hace poco revisada por C. Gill), la de R. Allen (*The Dialogues of Plato*, vol. II: *The Symposium*, New Haven 1991), la de A. Nehamas y P. Woodruff (*Plato: Symposium*, Indianapolis 1989) y la de R. Waterfield (*Plato: Symposium*, Oxford, 1994). La más reciente es la versión de C. J. Rowe (*Plato. Symposium*, Warminster, 1998) que cuenta además con un excelente comentario.

El francés, por su parte, cuenta con la traducción de L. Robin (*Platón. Le Banquet*, Paris, Les Belles Lettres, 1951) que fue mantenida en la nueva edición del texto griego de P. Vicaire en la misma colección (1994), la de F. Chambry (*Platon. Le Banquet, Phédre*, Paris, Garnier-Flammarion, 1964) y la versión reciente de L. Brisson (*Platon. Le Banquet*, Paris, Flammarion, 1999). Podemos citar, a su vez las traducciones alemanas de F. Schleiermacher (*Platon. Saemliche Werke*, vol. 2, Roeohlt, Hamburg, 1957) y O. Apelt - A. Capelle (*Platon. Das Gastmahl*, Hamburg, 1960), mientras en italiano encontramos las de G. Calogero (*Il 'Simposio' di Platone*, Bari, 1928) y G. Reale (*Platone: Simposio*, Milano, 1993) que incluye una amplia bibliografía. No podemos dejar de citar los comentarios de R. Bury (*The Symposium of Plato*, Cambridge 1932) y K. Dover (*Plato: Symposium*, Cambridge, 1980) que si bien no contienen traducciones sino sólo el texto griego del diálogo, contienen invalorables comentarios que iluminan vastas regiones y niveles de la obra.

En el ámbito de la lengua castellana, el *Banquete* ha sido del mismo modo beneficiado por el interés de los traductores. Por otra parte, mientras en el caso de las traducciones de otros diálogos apenas si puede encontrarse una que resista una evaluación medianamente seria según criterios académicos, en el caso del *Banquete* las traducciones se suceden con muy buenos resultados. La que aquí presentamos, realizada por Luis Gil Fernández se ubica en el origen de toda esta línea y su calidad se cuenta probablemente, además de las cualidades intrínsecas del diálogo, entre las causas de la aceptación con que ha contado el *Banquete* entre los lectores de habla castellana. Más recientemente encontramos la versión de M. Martínez Hernández publicada con una buena introducción en la Biblioteca Clásica Gredos (*Platón, Diálogos* III, Madrid, 1993) –reproducida en la colección Clásicos Grecorromanos de Planeta-DeAgostini (*Platón, Apología de Sócrates, Banquete, Fedro*, Barcelona, 1997)– y la de F. García Romero (*Platón, Banquete*, Madrid, Alianza Editorial, 1989). Ambas son recomendables. También en lengua castellana está próxima a publicarse la traducción con introducción y comentario de V. Juliá (*El Simposio de Platón*, Editorial Universitaria, Santiago de Chile).

Claudia T. Mársico

6. Bibliografía selecta

En lo que sigue consignamos una bibliografía redactada a los efectos de servir de punto de partida tanto para la ampliación de la contextualización como para la investigación sobre aspectos puntuales.

1. Exposiciones generales
a) Accesibles en castellano

Eggers Lan, C. (1998) "Platón", en C. García Gual (ed.) *Filosofía Antigua. Enciclopedia Iberoamericana de Filosofía*, Madrid, CSIC

Freidlaender, P. (1989) *Platón*, Madrid, Tecnos.

Grube, (1995) *El pensamiento de Platón*, Madrid.

Guthrie, W. (1990) "Banquete", *Historia de la filosofía griega IV*. Platón.

A esto se agregan las exposiciones introductorias que acompañan algunas de las traducciones citadas así como las ediciones con comentario en el apartado sobre traducciones del *Banquete*.

b) En otras lenguas

Calame, C. (1996) *L'Éros dans la Grèce antique*, Paris.

Dover, K. (1974) *Greek Popular Morality in the Time of Plato and Aristotle*, Oxford.

Friedlaender, P. (1969) *Plato III: The Dialogues. Second and Third Periods*, trad. H. Meyerhoff, London.

Gould, T. (1963) *Platonic Love*, London.

Kraut, R. (ed.) (1992) *The Cambride Companion to Plato*, Cambridge, (esp. Ferrari, G., "Platonic Love", p. 248-76.

Price, A. (1997) *Love and Friendship in Plato and Aristotle*, Oxford.

Robin, L. (1933) *La théorie platonicienne de l'amour*, Paris (reimp. 1964)

Rowe, C. (1998a), *Il Simposio di Platone. Cinque lezioni sul dialogo con un ulteriore contributo sul Fedone e una breve discussione con Maurizio Migliori e Arianna Fermani. A cura di Maurizio Migliori*, Sankt Augustin.

Taylor, A. (1960) *The Man and his Work*, London.

2. Obras sobre temas específicos
a) Accesibles en castellano

Brochard, V. (1940) "Sobre el *Banquete* de Platón", *Estudios sobre Sócrates y Platón*, Buenos Aires, p. 42-81.

Cornford, F. (1974) "La doctrina de Eros en el *Banquete*", *La filosofía no escrita*, Barcelona, p. 127-146.

Eggers Lan, C. (ed.) (1986) *Platón: Los diálogos tardíos. Actas del Symposium Platonicum*, México (reimpreso en Sankt Augustin, Academia, 1994).

Eggers Lan, C. (2000) "Las ideas platónicas: entre el Hades, el cielo y el mundo", *Pensamientos de los Confines*, sept. 2000 (Buenos Aires)p. 91-98..

Fierro, Ma. A. (1998) "Eros y modos de argumentación: descripción formal, óntica y metafísica de Eros en el *Banquete* de Platón" *Síntesis de resultados de Investigación para la Secretaría Nacional de Ciencia y Técnica*, Buenos Aires.

Fierro, Ma. A. (2001) "Narrar el verdadero amor. El sentido de la estructura narrativa del *Banquete* de Platón", en V. Juliá (ed.), *Los griegos y su lengua. Reflexiones, Análisis, Propuestas Didácticas*, Buenos Aires, Biblos.

Fierro, Ma. A. (1999) "Reseña de C. J. Rowe, *Plato:* Symposium, Warminster, 1998", *Méthexis* XII.

Juliá, V. (1999) "Reseña a C. J. Rowe, *Il* Simposio *di Platone. Cinque lezioni sul dialogo con un ulteriore contributo sul Fedone e una breve discussione con Maurizio Migliori e Arianna Fermani. A cura di Maurizio Migliori*, Sankt Augustin", *Méthexis* XII.

Lasso de la Vega, J. (1959) "El amor dorio", *El descubrimiento del amor en Grecia*, Madrid, p. 55-99.

Lasso de la Vega, J., (1959) "El éros pedagógico de Platón", *El descubrimiento del amor en Grecia*, Madrid, p. 101-148.

Mársico, C. (1998) "Modelos de medicina en el *Banquete* y la *República* de Platón", *Hypnos* 4, San Pablo, Brasil.

Nussbaum, M. (1997) "El discurso de Alcibíades", *La fragilidad del Bien*, Buenos Aires.

Pérez Ruiz, F. (1981) "El amor en los escritos de Platón", *Pensamiento* 37, p. 25-50.

Rivera de Ventosa, E. (1975) "El amor personal en la metafísica de Platón", *Helmántica* 26, p. 495-521.

Rossi, A. (1977) "Beatitud, ironía y lenguaje. El discurso de Alcibíades en el *Banquete* de Platón", *CA* I, p. 18-33.

Velásquez, O. (1986) "En torno a 'súbitamente' en el *Banquete* de Platón", *Revista Chilena de Literatura* 27/28, p. 67-76.

b) En otras lenguas

Boyancé, E. (1972) *Le culte des Muses chez les philosophes grecs*, Paris

Burnyeat, M. (1992) "Socratic midwifery, Platonic inspiration", reimpr. en H. Benson (ed.), *Essays on the Philosophy of Socrates*, Oxford, p. 53-65.

Clay, D. (1975) "The tragic and comic poet of the *Symposium*", *Arion* n.s.2, p. 238-61.

Chirico, M. (1990) "Per una poetica di Aristofane", *Parola del Passato* 45, p. 95-115.

Dover, K. (1966) "Aristophanes' speech in Plato's *Symposium*", *Journal of Helenic Studies* 66, p. 41-50.

Dover, K. (1978) *Greek Homosexuality*, London.

Fierro, Ma. A. (2000) "Socratic *elenchos* in Plato's *Symposium*", *La teoría del deseo de Platón*, tesis de doctorado en curso, Universidad de Durham.

Frede, D. (1993) "Out of the cave: what Socrates learned from Diotima", en Rosen, R. - Farrell, J. (eds.), *Nomodeiktes: Greek studies in honor of Martin Ostwald*, Ann Arbor, p. 397-422.

Halperin, D. (1985) "Platonic *éros* and what men call love", *Ancient Philosophy* 5, p. 161-204.

Halperin, D. (1990) "Why Diotima is a woman?", en Halperin, D. (ed.), *One Hundred Years of Homosexuality and Other Essays on Greek Love*, New York.

Halperin, D. (1992) "Plato and the Erotics of Narrativity", en J. Klagge and N. Smith (eds.), *Methods of Interpreting Plato and his Dialogues* (*Oxford Studies in Ancient Philosophy*, supplementary volume), Oxford, 93-129.

Joly, R. (1961) "Platon et la médecine", *Bulletin de l'association Guillaume Budé. Lettres d'humanité* 20, p. 435-451.

Kahn, C. (1987) "Plato's theory of desire", *Review of Metaphysics* 41, p. 77-103.

Kranz, W. (1926) "Diotima von Mantinea", *Hermes* 61, p. 437-447

Levy, D. (1979) "The definition of love in Plato's *Symposium*", *Journal of the History of Ideas* 40, p. 285-291

Loraux, N. (1989) *Les expériences de Tirésias. Le féminin et l'homme grec*, Paris.

Moravcsik, J. (1981) "Reason and eron in the 'ascent'-passage of the the *Symposium*", en Anton, J. - Kustas, G. (eds.) *Essays in Ancient Greek Philosophy*, Albany, NY, p. 285-302.

Murray, O. (ed.) (1990) *Sympotica: a Symposium on the Symposium*, Oxford, 1990.

Nightingale, A. (1995) *Genres in Dialogue: Plato and the Construct of Philosophy*, Cambridge.

Osborne, C. (1994) *Eros Unveiled: Plato and the God of Love*, Oxford

Patterson, R. (1991) "The ascent in Plato's *Symposium* ", *Proceedings of the Boston Area Colloquium in Ancient Philosophy* 7, p. 193-214

Rowe, C. (1998) "Socrates and Diotima: éros, creativity and immortality", *Proceedings of the Boston Area Colloquium in Ancient Philosophy* 14.

Rowe, C. (1999) "The speech of Eryximachus in Plato's *Symposium*", en J. Cleary (ed.) *The Neoplatonic Sage*.

Santas, G. (1988) *Plato and Freud: Two Theories of Love*, Oxford.

Schuhl, P. M. (1960) "Platon et la médecine", *Revue des études grecques*, LXIII, p. 73-79.

Stehle, E. (1997) *Performance and Gender in Ancient Greece*, Princeton.

Stohn, G. (1993) "Zur Agathonszene in den `Thesmophoriazusen' des Aristophanes", *Hermes* 121.2, 196-205.

Vlastos, G. (1987) "Socratic Irony", *Classical Quarterly* 37, p. 79-96.

White, F. (1989) "Love and beauty in Plato's *Symposium*", *Journal of Hellenic Studies* 109, p. 149-157.

Wipern, J. (1965) "Eros und Unsterblickheit ind der Diotima-Rede des Symposions", en Flashar, H. - Gaiser, K. (eds.), *Synousia. Festgabe für W. Shadewaldt*, Pfullingen, p. 123-159.

Notas

1   Para una discusión sobre la autenticidad de la *Carta VII*, cf. C. Eggers Lan (1986, p. 161ss.).

2   Cf. el artículo de la enciclopedia bizantina *Suda* dedicado a Platón en que se dice, por ejemplo: "Se cuenta que la madre de Platón quedó encinta de una mirada divina surgida de Apolo. Y tan pronto como engendró a Platón, entonces el varón se unió a ella". (pi 1707). Sobre la heroización de Platón, cf. Boyancé [(1972), p. 267ss.].

3   Cf. Eggers Lan, C. (1998, p. 138ss.).

4   Para un estado de la cuestión sobre las enseñanzas orales puede consultarse el volumen VI (1993) de *Méthexis. Revista argentina de filosofía antigua*, en el cual se presenta un estado de la cuestión de este problema por parte de los protagonistas de la discusión.

5   Es de notar, sin embargo, que mientras en Platón la *epithymía* es vista en general como un elemento disruptor y radicalmente negativo, en muchos casos irreductible al influjo de la razón –cf. p.e. *República* IV, 439d,442a-, el *éros* recibe un tratamiento especial y en *Banquete* se lo eleva a la categoría de medio por el cual el hombre alcanza el contacto con el plano de las Ideas (203e-204a).

6   Nótese que la homosexualidad estaba muy instalada en la sociedad espartana, hasta el punto que esta práctica solía ser denominada 'amor dorio'.

7   Cf. K. Dover (1980, p. 4).

8   Es de notar que la relación entre Sócrates y Alcibíades trastroca los lineamientos tradicionales y coloca a Alcibíades, el que es joven y bello, destinado naturalmente a ser el amado, en la necesidad de perseguir solicitando favores al adulto, que en el caso de Sócrates sabemos que era notoriamente feo y se llama a sí mismo, consecuente con la costumbre, 'amante', a pesar de que actúa como objeto de deseo más que como agente 'deseante'. De todos modos, parece que hasta al mismo Sócrates esta conducta de Alcibíades lo sorprende y lo hace decir que 'su afecto al amante" le causa horror (213d).

9   Respecto de la condena social son suficientemente evidentes los testimonios que nos acerca Aristófanes (cf. p.e. *infra* respecto de Agatón), tanto como las funciones habituales de los pedagogos, entre las cuales se contaba mantener a raya a los pederastas que intentaban acercarse

a los jóvenes (cf. Marrou, *Historia de la educación en la antigüedad*, Buenos Aires, 1980, p. 174).

10 Para un detallado estado de la cuestión acerca de la estructura narrativa del *Banquete*, cf. Fierro (1998).

11 Para este punto hemos seguido algunas líneas vertidas en el curso "El *Banquete* de Platón: una propuesta de lectura", dictado en el marco de las actividades de la AADEC en julio de 1997 por V. Juliá, L. A. Castello, I. Costa, M. Divenosa, M. Fierro y la que suscribe.

12 La insistencia en que Eros carezca de progenitores responde sin duda a la necesidad de ser consecuente con la premisa de que éste actúa en todas las uniones que dan por resultado la procreación y si él mismo tuviera padres estaríamos ante la paradoja de que sería el causante de su propio nacimiento. Esta paradoja se evita si Éros surge en una etapa fundacional y excluído de los tipos de procreación naturales, de modo que la coherencia lógica queda salvaguardada.

13 Vale la pena notar que esta vergüenza que se quiere evitar y que redunda en un mejoramiento a nivel individual y social es recíproca, afecta tanto al amante como al amado (179a), de modo que cada uno se vuelve para el otro un parámetro de acción.

14 *Od.* XI 467-ss., *Il.* XVIII, 94-ss., *Il.* IX, 410-416.

15 W. Clarke ("Achiles and Patroclus in love", *Hermes* 106, 1978, p. 381–396).

16 Cf. K. Dover (1978, *passim*, y especialmente p. 144 acerca de Agatón).

17 Cf. la interpretación de Hamilton (1999, p. 15) que acentúa las aristas negativas y sofísticas de este propósito.

18 Cf. por ejemplo *De diaet.* III, 75ss. en que se analiza la inminencia de la enfermedad a partir de los signos que anuncian la desproporción entre los alimentos y los ejercicios. Cf. también Ps. Arist., *Problemata* III, que trata de problemas conectados con el vino y la embriaguez.

19 Erixímaco mismo es calificado por L. Robin (1951, p. LI) como un "espíritu de cualidad inferior" y A. Taylor (1960) dice con relación a los discursos de Erixímaco y Aristófanes: "El tono de esta parte del diálogo es enteramente de juego y pienso que sería un error considerarla como algo más que un delicado espécimen de Pantagruelismo".

20 Andócides había sido acusado por Dioclides de haber participado en este hecho delictivo conocido como la mutilación de los Hermes y la parodia o profanación de los misterios. Durante los preparativos para la expedición a Sicilia, en una misma noche, todos los Hermes de piedra que solían estar emplazados delante de las casas particulares y en los lugares sagrados aparecieron mutilados. Se discute si esta mutilación alcanzó sólo a la cara o también incluyó el falo de las estatuas.

Las averiguaciones del tema de los Hermes dieron lugar a otras denuncias por sacrilegios: los esclavos y metecos afirmaron que ya antes sus jóvenes amos –y particularmente Alcibíades– habían mutilado imágenes sacras y que en ciertas casas se parodiaban los misterios de Deméter. La partida de la expedición a Sicilia no detuvo el interrogatorio y un verdadero terror reinaba en Atenas donde a todas las acusaciones se les daba el mismo valor y se multiplicaban los arrestos en una verdadera caza de brujas. Es en este contexto en que se quiere ver aparecer a·Erixímaco como uno de los implicados, si bien los indicios ciertos son en realidad escasos.

21 Cf. Rowe (1999).

22 Estas ideas pueden rastrearse en Alcmeón de Crotona a través del DK 24A4, Aecio V 30,1, aun cuando hay todavía varias influencias que se constatan en tratados hipocráticos, como el *De flatibus*, el *De morbis* y el *De prisca medicina*.

23 Cf. p.e. Schuhl (1960); R. Joly (1961), donde se constatan posturas antagónicas respecto de este punto.

24 *República* 410b.

25 Es de notar que en nuestra reconstrucción, siguiendo la tesis de D. O'Brien (*Empedocles' Cosmic Cycle. A Reconstruction from the fragments and secondary sources*, Cambridge, 1969) hemos variado el orden de los estadios que ofrece el pasaje de Aecio, donde los seres de naturaleza completa, a pesar de ser los que tienden más a la unidad, no están ubicados junto al Esfero sino que allí encontramos las especies del mundo actual en lo que sin duda configura una involución dentro del ciclo. Tal vez el orden lógico, que creemos restituir con esta interpretación, haya sido cambiado en virtud de las concepciones de los intérpretes antiguos que podrían haber creído que la realidad actual, marco de la existencia humana, debe ser el estadio más perfecto y por lo tanto el que se encontrará más próximo al Esfero, lo cual no tiene por qué haber sido necesariamente la perspectiva empedóclea.

26 Para discusiones recientes acerca de la presentación de Agatón por parte de Aristófanes, cf. M. L. Chirico (1990), G. Stohn (1993).

27 Es de mencionar aquí la precisión platónica respecto de la forma en que hay que entender el deseo referido a las cosas que se poseen en el presente, pues el principio general ha propuesto que sólo se desea aquello de lo cual se carece. La explicación de esta aparente contradicción radica en que, cuando se dice que se desea lo que ya se posee, está implícita una cláusula temporal que implica que se desea también *conservar en el futuro* lo que se posee en el presente, lo cual pone de relieve la tematización de la temporalidad como una categoría fun-

damental en la estructura erótica. Este elemento de temporalidad trae aparejada su radical inestabilidad.

28 Frente a este uso, la tradición griega cuenta con acepciones para las cuales *daímon* constituye la referencia simple a una divinidad (cf. p.e. Homero, *Il.* 1.222), e incluso a poderes malignos que trastornan el entendimiento humano.

29 Sobre la relevancia de este pasaje para la intelección de la posición platónica respecto de la poesía, cf. nuestro trabajo "Poesía y origen del discurso filosófico en la *República* de Platón", *Pomoerium* 3 (1998) (Bochum, Alemania).

30 Mucho puede decirse acerca de la duda de Diotima sobre la posibilidad de que Sócrates entienda cabalmente sus palabras. Muy sugerente es la interpretación de Cornford (1974, p. 139), que sale de los límites del *Banquete* para leer entre líneas una velada afirmación de Platón orientada a resaltar que en el próximo pasaje, que incluye la Teoría de las Ideas, estamos frente a una doctrina totalmente extraña al Sócrates histórico. Más allá del fondo de verdad que encierra esta tesis, creemos más bien que la advertencia de Diotima es de fundamental relevancia en la economía de la obra y apunta a categorizar la relación del filósofo respecto de la esfera Ideal.

31 Ha sido notado a menudo que el discurso de Agatón recibe muchos más elogios que el de Sócrates. Frente a la ovación a Agatón (198a), a Sócrates sólo se lo recompensa con una alabanza en la que Aristodemo no enfatiza y merece incluso una respuesta por parte de Aristófanes, que no llega a ser explicitada (212c).

32 Seminario "Drama y parodia en el *Banquete* de Platón" para docentes y graduados del Depto. de Filosofía de la Universidad Nacional de Brasilia, septiembre de 1997.

33 Nightingale (1995) afirma que el término *philosopheîn* no toma un significado especializado y técnico hasta que Platón se apropia del término para su propia empresa y que fue recién cuando éste estableció una definición específica y más acotada del término que se creó una disciplina nueva y específica.

34 Cf. esp. *Ap.* 22b-c: "En poco tiempo me di cuenta, con respecto a los poetas, que no hacían lo que hacían por sabiduría, sino por algún don natural o por estar inspirados, tal como los profetas y adivinos; éstos también, en efecto, dicen muchas cosas hermosas, pero no entienden nada de lo que dicen. (...) y a la vez advertí que, por el hecho de ser poetas, también en las demás cosas creían ser los más sabios de los hombres, pero que no lo eran".

BANQUETE

APOLODORO[1]. –Me parece que lo que preguntáis es un
tema que no tengo mal preparado. Precisamente anteayer
subía a la ciudad desde mi casa de Falero[2], y uno de mis
conocidos, que me divisó desde atrás, me llamó de lejos
y, bromeando al llamarme, dijo: "¡Eh!, falerense, tú,
Apolodoro, ¿no me esperas?" Yo me detuve y lo esperé.
"Apolodoro, –me dijo entonces–, justamente hace un momento te estaba buscando porque deseo informarme de
la reunión de Agatón[3], de Sócrates, de Alcibíades y de   b
los demás que en aquella ocasión asistieron al banquete
y de cuáles fueron sus discursos sobre el amor. Otro que
los escuchó de labios de Fénix[4], el hijo de Filipo, me los
ha contado y me aseguró que tú también los sabías, pero
no supo decirme nada con exactitud. Así que, cuéntame-
los tú, ya que eres el más indicado para referir las palabras de tu amigo. Pero antes –añadió–, dime: ¿estuviste
tú en persona en esta reunión o no?" "Desde luego –le
respondí yo– parece que no te ha relatado nada con exac-   c
titud el que te informó, si crees que esa reunión, sobre la
que preguntas, se efectuó tan recientemente que también
yo haya podido asistir a ella." "Al menos así creía yo."
"¿De dónde sacas eso, Glaucón?[5] –le dije–. ¿No sabes que
desde hace muchos años Agatón no está aquí, en la ciudad, y que, desde que me paso la vida con Sócrates y me

preocupo cada día en saber qué dice o qué hace, no han transcurrido aún tres años? Hasta entonces yo vagaba al

173 azar de un lado para otro y, en la creencia de que hacía algo importante, era más digno de lástima que cualquier otro, y no menos que tú ahora, que crees que debes ocuparte en cualquier cosa antes que en filosofar." "No te burles –me replicó– y dime cuándo fue la reunión esa." Y yo le respondí: "En nuestra infancia todavía, cuando venció Agatón en su primera tragedia, al día siguiente del día en que celebró con los coreutas el sacrificio de la victoria." "Hace mucho tiempo, según parece –dijo– pero ¿quién te la relató a ti? ¿Acaso el propio Sócrates?" "No,

b ¡por Zeus! –respondí yo–, sino el mismo que la refirió a Fénix. Fue un tal Aristodemo[6], del demo de Cidateneon, pequeño, siempre descalzo y que estuvo presente en la reunión, como enamorado de Sócrates que era entre los que más de su época, según me parece. Pero, no obstante, he preguntado también a Sócrates algunas de las cosas que le oí contar y éste se mostró de acuerdo con el relato que me hizo aquél." "Entonces, ¿por qué no empiezas a contármela? –dijo–; el camino que lleva a la ciudad se presta perfectamente para hablar y escuchar mientras se anda."

Así, mientras caminábamos, dirigimos nuestra conver-

c sación sobre esto, de suerte que, como dije al principio, no estoy mal preparado. Por tanto, si estoy en la obligación de repetiros a vosotros mi relato, hagámoslo así. Por mi parte, además, os diré que siempre que la conversación trate de filosofía, tanto si soy el que habla como si escucho a los demás, aparte de creer que saco provecho, me regocijo sobremanera. En cambio, cuando escucho otras conversaciones, especialmente las vuestras, las de los ricos y las de los hombres de negocios, personalmente siento hastío y por vosotros y vuestros compañeros compasión, porque creéis hacer algo de provecho sin hacer nada. Vosotros, a la inversa, tal vez creeréis que yo *d* soy un desdichado, y opino que vuestra creencia es verdadera; pero yo, sin embargo, no lo creo de vosotros, sino que lo sé de cierto.

AMIGO. —Siempre eres igual, Apolodoro. Siempre hablas mal de ti mismo y de los demás y me parece que a todos sin excepción, salvo a Sócrates, los consideras infelices, empezando por ti mismo. De dónde tomaste el apodo de maniático[7] yo no lo sé, pero lo cierto es que en tus palabras siempre te comportas así y que te pones como una fiera contigo mismo y con los demás, excepto con Sócrates.

APOLODORO. —¡Oh, queridísimo! ¿Y tan claro está que, *e* al pensar así sobre mí mismo y sobre vosotros, estoy loco y desvarío?

AMIGO. —No merece la pena, Apolodoro, discutir ahora sobre esto. Haz lo que te hemos pedido, ni más ni menos, y cuéntanos qué discursos se pronunciaron.

APOLODORO. —Pues bien, fueron más o menos los siguientes... pero, mejor aún, trataré de referirlos desde el *174* principio tal como aquél los expuso.

Me contó Aristodemo que se había tropezado con él Sócrates, recién lavado y con las sandalias puestas –cosas que hacía muy pocas veces– y que al preguntarle adónde iba tan peripuesto le respondió: "A comer a casa de Agatón, pues ayer lo esquivé en la celebración de la victoria por temor a la muchedumbre y quedé en hacerle hoy la visita. Por esta razón me he acicalado, para ir bello junto a un hombre bello. Pero tú –añadió–, ¿estarías dis-

b puesto a ir al banquete sin ser invitado?" "Y yo le respondí –me dijo Aristodemo–, haré lo que tú mandes." "Sígueme, pues –replicó–, para que alteremos el proverbio modificando los términos y se diga en adelante que *espontáneamente los buenos van a comer con Agatón*[8]. Pues ya Homero a punto está no sólo de haber alterado este refrán, sino también de haber hecho burla de él, porque,

c a pesar de describir en su poesía a Agamenón como un hombre extraordinariamente valeroso en lides guerreras y a Menelao como *un flojo lancero*, al dar Agamenón una comida con ocasión de celebrar un sacrificio, hizo acudir a Menelao sin invitación a la cena, es decir, al que era peor, al banquete del mejor."

Al oír esto me dijo Aristodemo que respondió: "Sin embargo, tal vez también yo correré el peligro, no como tú dices, Sócrates, sino según dice Homero, de ir sin ser invitado al banquete de un hombre sabio, yo que soy un

d hombre vulgar. Mira, pues, si me llevas, qué dices para disculparme, porque yo por mi parte no reconoceré haber ido sin invitación; diré que he sido invitado por ti."

"*Juntos los dos* —contestó—, *mientras vamos de camino*, deliberaremos qué vamos a decir[9]. Marchemos, pues."

Tras haber sostenido más o menos esta conversación —continuó Aristodemo— se pusieron en marcha. Durante el camino, Sócrates, concentrando en sí su pensamiento se quedaba atrás al andar y, como él lo esperara, le ordenó que siguiera adelante. Una vez que llegó a casa de Agatón, encontró Aristodemo la puerta abierta y allí, se- *e* gún me dijo, le sucedió algo gracioso. Inmediatamente salió un esclavo de la casa a su encuentro y lo condujo a donde estaban acomodados los demás invitados, a quienes sorprendió en el momento en que iban ya a comer. Y en cuanto lo vio Agatón, le dijo:

—Aristodemo, llegas a punto para comer con nosotros. Y si has venido por otro motivo, déjalo para otra vez, ya que ayer, pese a que te estuve buscando para invitarte, me fue imposible verte. Pero ¿y Sócrates? ¿Cómo no nos lo traes?

—Entonces yo —me dijo Aristodemo—, me doy la vuelta y no veo a Sócrates seguirme por ningún lado. Me excusé, pues, diciendo que yo precisamente había ido con Sócrates, invitado por él a comer allí.

—Hiciste bien —replicó—. Pero, ¿dónde está ese hombre?

—Hace un momento venía detrás de mí. También yo *175* me pregunto dónde puede estar.

—¿No vas a buscarlo, esclavo? —ordenó Agatón—. Corre y trae aquí dentro a Sócrates. Tú, Aristodemo —añadió—, acomódate al lado de Erixímaco.

7

Y mientras lo estaba lavando un criado –prosiguió Aristodemo– para que pudiera reclinarse [10], se presentó otro criado diciendo así:

–Ese Sócrates se ha retirado al portal de los vecinos y allí está clavado sin moverse. Por más que lo llamo, no quiere entrar.

–¡Qué cosas más extrañas dices! –exclamó Agatón–. Anda y llámale y no se te ocurra soltarlo.

b   Pero Aristodemo, según me dijo, se opuso:

–De ningún modo. Dejadle, pues tiene esa costumbre. De vez en cuando se aparta allí donde por casualidad se encuentra y se queda inmóvil. Llegará al momento, según creo. No lo molestéis, pues. Dejadle en paz.

–Sea, hagámoslo así, si lo estimas oportuno –me dijo que contestó Agatón–. Pero a nosotros, a los que estamos aquí, traednos la comida, esclavos. Servid con entera libertad cuanto queráis, ya que nadie ha sido encargado de vigilaros, cosa que hasta hoy jamás hice. Así, pues, *c* imaginad ahora que tanto yo como estos otros hemos sido invitados por vosotros a comer y tratadnos bien para que os alabemos.

Después de esto –continuó Aristodemo–, ellos se pusieron a comer, pero Sócrates no se presentaba en la sala. En vista de ello, Agatón ordenó muchas veces que se fuera en su búsqueda, pero Aristodemo no lo permitía. Al fin llegó Sócrates, sin haberse entretenido tanto como de costumbre, cuando estaban aproximadamente a la mitad del banquete. Entonces –prosiguió contándome–

Agatón, que se encontraba reclinado solo en el último puesto, le dijo:

—Aquí, Sócrates, siéntate a mi lado para que en con- *d* tacto contigo disfrute yo también de ese sabio pensamiento que se te ocurrió en el portal. Pues salta a la vista que lo encontraste y lo tienes en tu poder. En caso contrario, no te hubieras apartado de allí.

Sócrates a continuación tomó asiento y dijo:

—Bueno sería, Agatón, que el saber fuera de tal índole que, sólo con ponernos mutuamente en contacto, se derramara de lo más lleno a lo más vacío de nosotros, de la misma manera que el agua de las copas pasa, a través de un hilo de lana, de la más llena a la más vacía. Si así también ocurre con la sabiduría, estimo en mucho el estar *d* reclinado a tu lado, pues creo yo que tú derramarías sobre mí un amplio y bello saber hasta colmarme. El mío, posiblemente, es un saber mediocre, o incluso tan discutible en su realidad como un sueño, pero el tuyo puede muy bien ser resplandeciente y capaz de un gran progreso, ya que desde tu juventud ha brillado con tan gran esplendor y se ha puesto de manifiesto anteayer ante el testimonio de más de treinta mil griegos.

—Eres un insolente, Sócrates —respondió Agatón—, pero esa cuestión referente a nuestra sabiduría la resolveremos tú y yo un poco más tarde mediante litigio, tomando como juez a Dioniso. Ahora atiende primero a la comida.

Después de esto, prosiguió Aristodemo, una vez que *176*

Sócrates se acomodó y terminaron de comer él y los demás, hicieron libaciones; y después de entonar el canto
en honor del dios [11] y de cumplir con los demás ritos, se
dispusieron a beber. A continuación –añadió–, Pausanias [12]
comenzó a hablar poco más o menos así:

–Y bien, señores, ¿de qué modo beberemos más a gusto? Yo, por mi parte, os digo que verdaderamente me encuentro muy mal por lo que bebimos ayer y necesito un
respiro. Y creo que asimismo la mayoría de vosotros, pues-
b to que estuvisteis también en la fiesta. Mirad, por tanto,
de qué manera podríamos beber lo más a gusto posible.

Entonces intervino Aristófanes [13]:

–Tienes, sin duda, razón, Pausanias, en lo que dices
de preparar, a toda costa, un modo de beber soportable,
pues yo también soy de los que se empaparon ayer.

Al oírles hablar así –prosiguió Aristodemo –medió
Erixímaco [14], el hijo de Acúmeno:

–Ciertamente decís bien, pero os pido que escuchéis a
una persona más, a Agatón, con qué fuerzas se encuentra
para beber.

–Con ninguna –replicó éste–; tampoco yo estoy con
fuerzas.

–Sería, según parece –prosiguió Erixímaco, un verda-
c dero don de Hermes [15] para nosotros, tanto para mí como
para Aristodemo, para Fedro [16] y para éstos el que vosotros, los más resistentes para beber, estéis ahora desfalle-
cidos. Nosotros, es cierto, siempre somos flojos bebedo-
res. A Sócrates, en cambio, no lo tengo en cuenta, pues es

capaz de lo uno y de lo otro, de suerte que se conformará con cualquiera de estas dos cosas que hagamos. Pero, ya que me parece que ninguno de los presentes se encuentra inclinado a beber mucho vino, tal vez si yo dijera ahora la verdad sobre qué es el embriagarse resultaría menos desagradable. Creo, efectivamente, haber llegado por el ejercicio de la medicina a la evidencia de que la embriaguez es perjudicial para el hombre. Así, ni yo mismo querría de buen grado beber más de la cuenta, ni tampoco se lo aconsejaría a nadie, especialmente cuando todavía se tiene la resaca del día anterior. *d*

—Bien es verdad —dijo Fedro de Mirrinunte interrumpiéndole, —prosiguió mi informador— que yo personalmente tengo por costumbre hacerte caso, sobre todo en lo que dices de medicina, pero ahora, si meditan bien, te obedecerán igualmente los demás.

Oído esto, acordaron todos que no se emborracharían *d* durante aquella reunión y que se limitarían a beber lo que fuera de su agrado.

Pues bien —dijo Erixímaco—, una vez que se ha aprobado que se beba lo que cada uno quiera y que no haya coacción alguna, propongo a continuación que se mande a paseo a la flautista que acaba de entrar —¡que toque su instrumento para ella sola, o, si quiere, para las mujeres de dentro!— y que nosotros pasemos la velada de hoy en mutua conversación. Y, si no tenéis inconveniente, estoy dispuesto a proponeros qué clase de conversación ha de ser ésta.

177   Todos entonces –me aseguró Aristodemo–, dijeron que les parecía bien y le invitaron a hacer su propuesta. En vista de ello, Erixímaco dijo:

–El comienzo de mi discurso lo haré al estilo de la Melanipa [17] de Eurípides, pues *no es mío el dicho* que voy a decir, sino de Fedro aquí presente. Fedro, en efecto, me está diciendo a cada paso, lleno de indignación: ¿ No es irritante, Erixímaco, que en honor de algunos otros dioses haya himnos y peanes compuestos por los poetas y en cambio en honor del Amor, que es un dios de tan ele-

b vada importancia y categoría, ni uno solo, entre tantísimos poetas que han existido, haya compuesto jamás siquiera un encomio? Y si quieres, a su vez, considerar a los sofistas de valía, verás que escriben alabanzas en prosa, pero de Hércules y de otros héroes, como hace el excelente Pródico [18]. Mas esto, aunque sorprendente, no lo es tanto, pues he tropezado ya con cierto libro de un sabio, en que la sal recibía un admirable elogio por su utilidad... Y co-

c sas de este tipo las puedes ver elogiadas a montones. ¡Que se haya puesto en tales insignificancias tanto interés y que no se haya atrevido, en cambio, hasta este día ningún hombre a alabar al Amor de una manera digna! A tal extremo llega el descuido en que se tiene a tan gran dios. Estas quejas me parece que Fedro las emite con razón. Por ello deseo tributarle mi aportación y hacerle un favor y, al mismo tiempo, estimo que en la presente ocasión está en consonancia con nosotros, los aquí reunidos, el honrar al dios. Así, en el caso de que compartáis mi

parecer tendríamos materia suficiente para ocuparnos en *d*
nuestra conversación; pues lo que opino es que cada uno
de nosotros debe pronunciar por turno, de izquierda a
derecha, un discurso, el más bello que pueda, en alabanza del Amor; y que sea Fedro el que primero empiece, ya
que está sentado en el primer puesto y es a la vez el padre del discurso.

–Nadie, Erixímaco –dijo Sócrates–, votará en contra
tuya. Pues no seré yo, que sostengo no entender de otra
cosa que de cuestiones amorosas, quien se niegue, ni *e*
Agatón, ni Pausanias, ni de seguro tampoco Aristófanes,
cuya ocupación versa por entero sobre Dioniso y Afrodita,
ni ningún otro de los que yo veo aquí. Sin embargo, la
empresa no se presenta en condiciones de igualdad para
nosotros, los que estamos sentados en los últimos pues-
tos. En todo caso, si los que nos preceden hablan bien y
hasta agotar el tema, nos daremos por contentos. ¡ Ea!,
que empiece con buena fortuna Fedro y haga el encomio
del Amor.

A esto asintieron entonces unánimemente todos los demás e hicieron la misma invitación que Sócrates. Cierto *178*
es que Aristodemo no se acordaba exactamente de todo
lo que dijo cada uno, ni, a mi vez, yo tampoco recuerdo
todo lo que éste me contó. Diré, empero, las cosas que me
parecieron más dignas de recuerdo y el discurso de cada
uno de los oradores que estimé más dignos de mención.

En primer lugar, pues, como digo, habló Fedro –según dijo Aristodemo–, iniciando su discurso con esta con-

sideración poco más o menos: que el Amor era un dios grande y admirable entre los hombres y los dioses, aparte de otras muchas razones, sobre todo por su origen.

b "Pues ser el dios más antiguo –afirmó– es un honor; y la prueba de que ello es así es ésta: el Amor no tiene padres, y nadie, ni prosista ni poeta los menciona. Por el contrario, Hesíodo afirma que en primer lugar existió el Caos

> "...y luego
> la Tierra de amplio seno, sede siempre firme de
> todas las cosas
> y el amor..." [19]

Y con Hesíodo coincide también Acusilao[20], en que después del Caos se produjeron estos dos seres: la Tierra y el Amor. Y Parménides[21] dice respecto de la generación:

> 'Fue Amor
> el primero que concibió de todos los dioses'.

c Así, pues, por muy diversas partes se conviene en que el Amor es el dios más antiguo. Pero además de ser el más antiguo, es principio para nosotros de los mayores bienes. Pues yo al menos no puedo decir que exista para un joven recién llegado a la adolescencia mayor bien que tener un amante virtuoso, o para un amante, que tener un amado. Pues, en efecto, la norma que debe guiar durante toda la vida a los hombres que tengan la intención *d* de vivir honestamente, ni los parientes, ni los honores, ni la riqueza, ni ninguna otra cosa son capaces de inculcarla en el ánimo tan bien como el amor. Y ¿cuál es esta norma de que hablo? La vergüenza ante la deshonra y la emulación en el honor, pues sin estos sentimientos es imposible que ninguna ciudad, ni ningún ciudadano en particular lleven a efecto obras grandes y bellas. Es más, os digo que cualquier enamorado, si es descubierto cometiendo un acto deshonroso o sufriéndolo de otro sin defenderse por cobardía, no le dolería tanto el haber sido visto por su padre, sus compañeros o cualquier otro como el haberlo sido por su amado. Y de la misma manera también ve- *e* mos que el amado siente sobre todo vergüenza ante sus amantes cuando es sorprendido en alguna acción innoble. Por consiguiente, si hubiera algún medio de que llegara a existir una ciudad o un ejército compuesto de amantes y de amados, de ningún modo podrían administrar mejor su patria que absteniéndose, como harían, de toda acción deshonrosa y emulándose mutuamente en el honor. Y si hombres tales combatieran en mutua *179* compañía, por pocos que fueran, vencerían, por decirlo así, a todos los hombres, ya que el amante soportaría peor sin duda ser visto por su amado abandonando su puesto o arrojando sus armas que serlo por todos los demás, y antes que esto preferiría mil veces la muerte. Y en cuanto a abandonar al amado o a no socorrerle cuando se encuentre en peligro... nadie es tan cobarde que el propio Amor no le inspire un divino valor, de suerte que quede en igualdad con el que es valeroso por naturaleza. En una

15

b palabra: ese ímpetu que, como dijo Homero, inspira la divinidad en algunos héroes, lo procura el Amor a los amantes como algo que brota de sí mismo.

Además, a dar la vida por otro únicamente están dispuestos los amantes, no sólo los hombres, sino también las mujeres. Y de este hecho la hija de Pelias, Alcestis[22], proporciona un testimonio suficiente en apoyo de mi afirmación ante los griegos, ya que fue la única que estuvo dispuesta a morir por su marido, pese a que éste tenía *c* padre y madre, a quienes sobrepasó aquélla tantísimo en afecto, debido a su amor, que demostró que eran como extraños para su hijo y parientes tan sólo de nombre. Y al hacer esto, les pareció su acción tan bella, no sólo a los hombres, sino también a los dioses, que, a pesar de que entre los muchos que realizaron muchas y bellas hazañas son muy contados aquellos a quienes concedieron los dioses el privilegio de dejar subir del Hades su alma a la tierra, dejaron no obstante subir la de aquélla, movidos de admiración por su hecho. Hasta tal punto también los dio- *d* ses estiman por encima de todo la abnegación y la virtud en el amor. En cambio, a Orfeo[23], el hijo de Eagro, le despidieron del Hades sin que consiguiera su objeto, después de haberle mostrado el espectro de la mujer en busca de la cual había llegado, pero sin entregársela, porque les parecía que se mostraba cobarde, como buen citaredo, y no tuvo el arrojo de morir por amor como Alcestis, sino que buscóse el medio de penetrar con vida en el Hades. Por esta razón sin duda le impusieron también un castigo

e hicieron que su muerte fuera a mano de mujeres. En cam- *e*
bio, muy diferente fue el caso de Aquiles, el hijo de Tetis, a
quien colmaron de honores y le enviaron a las Islas de los
Bienaventurados [24], porque, pese a estar enterado por su
madre de que moriría si daba muerte a Héctor y de que, si
no hacía esto, regresaría a su casa y acabaría sus días en la
vejez, prefirió valientemente, por prestar socorro y vengar a su amante Patroclo, no sólo sacrificar su vida por él, *180*
sino seguirle en la muerte, una vez fallecido éste. Por esta
razón, pues, admirándose en grado sumo los dioses, le
honraron más que a nadie porque llevó a tal extremo su
devoción por el amante. Por cierto que Esquilo [25] desvaría
al afirmar que fue Aquiles el amante de Patroclo, cuando
era Aquiles no sólo más bello que Patroclo, sino también
que todos los demás héroes; era todavía imberbe y, según
eso, mucho más joven, como afirma Homero. Pero si bien
es verdad que los dioses estiman sumamente esta virtud *b*
en el amor, no obstante la admiran, se complacen en ella y
la recompensan más cuando es el amado quien demues-
tra su afecto por el amante que cuando lo hace el amante
por el amado, ya que el amante es algo más divino que el
amado, pues está poseído de la divinidad. Por esta razón
también honraron más a Aquiles que a Alcestis, envián-
dole a las Islas de los Bienaventurados. ·

Así, pues, lo que sostengo es que el Amor no sólo es el
más antiguo de los dioses y el de mayor dignidad sino
también el más eficaz para que los hombres, tanto vivos
como muertos, consigan virtud y felicidad".

c   Tal fue, poco más o menos, el discurso que, según Aristodemo, pronunció Fedro. Después de Fedro, me dijo, hubo algunos otros oradores de los que no se acordaba muy bien, por lo cual los pasó por alto y me refirió el discurso de Pausanias, que dijo así: "No me parece, Fedro, que se nos haya propuesto bien la cuestión, es decir, que en forma tan simple se haya dado la invitación de hacer el encomio del Amor. Si sólo hubiera un Amor, estaría bien la invitación, pero la verdad es que no hay sólo uno y, al no haber uno solo, es más correcto advertir de ante-

d mano a cuál se debe alabar. Yo, por tanto, trataré de corregir esto, de indicar primero al Amor que se debe encomiar y de hacer después la alabanza de una manera digna del dios. Todos sabemos que no hay Afrodita sin Amor. En el caso, pues, de que fuera única habría tan sólo un Amor, pero como existen dos, necesariamente habrá dos amores. ¿Y cómo negar que son dos las diosas? Una de ellas[26], la mayor probablemente, no tuvo madre y es hija de Urano (el Cielo), por lo cual le damos el nombre de Urania (Celeste); la otra, la más joven, es

e hija de Zeus y de Dione y la llamamos Pandemo (Vulgar). De ahí que sea necesario también llamar con propiedad al Amor que colabora con esta última Pandemo (Vulgar) y al otro Uranio (Celeste). Ahora bien, se debe, sí, alabar a todos los dioses, pero, por supuesto, hay que intentar decir los atributos que a cada uno le han tocado en suerte. Toda acción, en efecto, en sí misma no es ni bella ni fea, como por ejemplo, lo que nosotros ahora

181 bella ni fea, como por ejemplo, lo que nosotros ahora

hacemos, beber, cantar o conversar. Ninguna de estas cosas en sí es bella, pero en el modo de realizarla, según se ejecute, resulta de una forma o de otra, pues si se efectúa bien y rectamente resulta bella y, en caso contrario, torpe. De la misma manera no todo amar ni todo Amor es bello ni digno de ser encomiado, sino sólo aquel que nos impulse a amar bellamente.

Pues bien, el Amor de Afrodita Pandemo verdaderamente es vulgar y obra al azar. Este es el amor con que *b* aman los hombres viles. En primer lugar, aman por igual los de tal condición a mujeres y mancebos; en segundo lugar, aman en ellos más sus cuerpos que sus almas y, por último, prefieren los individuos cuanto más necios mejor, pues tan sólo atienden a la satisfacción de su deseo, sin preocuparse de que el modo de hacerlo sea bello o no. De ahí que les suceda el darse a lo que el azar les depare, tanto si es bueno como si no lo es; pues precede *c* este amor de una diosa que es mucho más joven que la otra y que en su nacimiento tiene la participación de hembra y varón. En cambio, el de Urania deriva de una diosa que, en primer lugar, no participa de hembra, sino tan solo de varón (es este amor el de los muchachos) y que, además, es de mayor edad y está exenta de intemperancia. Por esta razón es a lo masculino adonde se dirigen los inspirados por este amor, sintiendo predilección por lo que es por naturaleza más fuerte y tiene mayor entendimiento. Pero se puede reconocer incluso en la misma pederastia a los que van impulsados meramente por este *d*

amor, puesto que tan sólo se enamoran de los muchachos cuando ya empiezan a tener entendimiento, lo que
sucede aproximadamente al despuntar la barba. Pues,
creo yo, que los que empiezan a amar a partir de este
momento están dispuestos a tener relaciones con el amado durante toda la vida y a vivir en común con él, en vez
de engañarle, por haberle cogido en la inexperiencia de
la juventud, y, tras haberle burlado, marcharse de su lado
en pos de otro. Y debiera incluso existir una ley que pro-
e hibiera amar a los muchachos, para que no se gastase en
un resultado incierto una gran solicitud, pues no se sabe
adónde irán a parar éstos cuando alcancen su pleno desarrollo, tanto respecto a maldad o virtud de alma, como
de cuerpo. Los hombres de bien, es cierto, se imponen a
sí mismos esta ley de buen grado, pero sería preciso también obligarles a hacer lo propio a esos enamorados "vulgares", de la misma manera que los forzamos, en lo que
182 podemos, a no enamorarse de las mujeres libres. Pues son
éstos también los que han originado el escándalo, de suerte que algunos osan decir que es vergonzoso conceder
favores a los amantes. Mas lo dicen mirando a éstos y
viendo su inoportunidad y su falta de sentido de lo justo,
ya que sin duda alguna cualquier acción puede en justicia recibir vituperio.

Por lo demás, la norma sobre el amor en las restantes
ciudades es fácil de comprender, pues está definida con
b sencillez; en cambio, la de aquí y la de Lacedemonia es
complicada. En efecto, en Elide y en Beocia y allí donde

20

no son hábiles para hablar, se admite sin más la costumbre de que es bello complacer a los amantes, y nadie, ni joven ni viejo, diría que es deshonroso, y ello, para no crearse, supongo yo, dificultades tratando de persuadir con la palabra a los jóvenes, ya que carecen de dotes oratorias. En cambio, en muchas partes de Jonia y en cuantos lugares hay sometidos al dominio de los bárbaros se considera esto deshonroso, ya que entre los bárbaros, por culpa del gobierno de los tiranos, no sólo es deshonrosa esta práctica, sino también la filosofía y la afición a los ejercicios corporales, pues no conviene, creo yo, a los go- *c* bernantes, que nazcan en sus súbditos sentimientos elevados ni tampoco sólidas amistades, ni sociedades, que es precisamente lo que más que ninguna otra cosa suele producir el amor. Y por propia experiencia aprendieron esto también los tiranos de aquí, ya que fueron el amor de Aristogitón[27] y la amistad de Harmodio, que se mostró inquebrantable, quienes derribaron su gobierno. Así, pues, allí donde se ha establecido que es deshonroso complacer a los enamorados ha quedado así sentado por maldad de los que establecieron el principio, por ambición de los gobernantes y por falta de hombría de los gober- *d* nados; en cambio, allí donde se ha tenido sin más por bueno, ha sido a causa de la inercia de alma de los que instituyeron la norma. Aquí, por el contrario, está en vigencia una norma mucho más bella que ésta y difícil, como dije, de comprender. Lo es, en efecto, si se considera que se dice que es más bello amar a las claras que en secreto, y sobre todo amar a los más nobles y mejores, aunque sean más feos que otros; que a su vez el aliento otorgado al enamorado por parte de todos es asombroso,

e porque no se considera que haga nada innoble y que el hacer una conquista se estima un honor y el no conseguirla una deshonra. Además, la costumbre permite alabar al enamorado, que por tentar una conquista comete actos extravagantes, actos que si alguien osara realizar, persiguiendo otro fin cualquiera o queriendo alcanzar otra cosa salvo ésta, incurriría en los mayores vituperios [de

183 la filosofía][28]. Pues si alguno, por querer obtener dinero de alguien o conseguir una magistratura o cualquier influencia, se mostrara dispuesto a cometer actos similares a los de los amantes con respecto a sus amados —que ponen súplicas y ruegos en sus demandas, pronuncian juramentos, se acuestan a la puerta del amado y están dispuestos a imponerse servidumbres de tal especie que ni siquiera un siervo soportaría— se vería impedido de lle-

b var así las cosas, tanto por los amigos como por los enemigos, pues éstos le colmarían de oprobio por su adulación y su vileza y los primeros le reprenderían y se avergonzarían de su comportamiento. Por el contrario, en el enamorado que hace todo esto hay cierta gracia; y le permite la costumbre obrar así sin oprobio, porque se piensa que realiza un acto enteramente bello. Y lo que es más asombroso, al decir del vulgo, es que el enamorado es el único que, al hacer un juramento, alcanza el perdón de los dioses si lo infringe, pues dicen que no hay juramento

amoroso. Tal es la absoluta libertad que los dioses y los *c*
hombres han conferido al amante, según dice la costumbre de aquí. Desde este punto de vista, pues, se podría creer que en esta ciudad se tiene por bello en todos sus aspectos no sólo el amar, sino el hacerse amigo de los enamorados. Pero desde el momento en que los padres ponen pedagogos al cuidado de los muchachos amados y no les consienten conversar con sus amantes –lo cual se tiene bien encomendado al pedagogo–; que los jóvenes de su misma edad y sus compañeros les echan en cara todo hecho que vean de este tipo, y que a los que hacen *d* estas censuras no les impiden hacerlas las personas mayores, ni les reprenden por no observar un lenguaje correcto; si se atiende a su vez a esto, se podría creer, por el contrario, que aquí tal práctica se tiene por sumamente vergonzosa. Pero la verdad sobre esta costumbre, según creo, es la siguiente: no es algo absoluto, como se dijo al principio, y de por sí no es ni bella, ni fea, sino bella cuando se efectúa bellamente y fea cuando se efectúa torpemente. Así, pues, es cosa realizada de fea manera el complacer a un hombre vil vilmente; y de bella manera, en cambio, el ceder a un hombre de bien en buena forma. Y es hombre vil aquel enamorado vulgar que ama más el *e* cuerpo que el alma y que, además, ni siquiera es constante, ya que está enamorado de una cosa que no es constante, pues tan pronto como cesa la lozanía del cuerpo, del que precisamente está enamorado, *se marcha en un vuelo*[29], tras mancillar muchas palabras y promesas. En cam-

23

bio, el que esta enamorado de un carácter virtuoso lo sigue estando a lo largo de toda su vida, ya que está inseparablemente fundido con una cosa estable. A estos 184 enamorados precisamente es a los que quiere nuestra costumbre probar bien y escrupulosamente, para que se ceda a unos y se rehuya a los otros. Por esta razón ordena a los amantes perseguir y a los amados esquivar, organizando el amoroso certamen y comprobando a cuál de esos dos tipos pertenece el amante y a cuál el amado. Así, ésta es la causa de que se considere deshonroso, en primer lugar, el dejarse conquistar prontamente, lo que tiene por objeto el que transcurra el tiempo, que parece ser una excelente piedra de toque para la mayoría de las cosas; en segundo lugar, el rendirse al dinero o a la pujanza política bien sea que por recibir daños se asuste uno y no se *b* sepa resistir, o bien que, por recibir beneficios en dinero o en manejos políticos, no sea uno capaz de desdeñarlos. Pues ninguna de estas cosas parece segura ni estable, aparte de que tampoco nace de ellas una noble amistad. Por tanto, sólo le queda una salida al amado, según nuestra costumbre, si tiene la intención de complacer honrosamente al amante. En efecto, de la misma manera que a los amantes les era posible hacerse voluntariamente los esclavos de sus amados en cualquier clase de escla-*c* vitud, sin que ésta fuera adulación, ni cosa reprochable, es norma también entre nosotros considerar que hay además otra esclavitud voluntaria no vituperable, una tan sólo: la relativa a la virtud. Pues está establecido que si alguno está dispuesto a servir a alguien por pensar que gracias a éste se hará mejor en algún saber o en alguna otra parte constitutiva de la virtud, esa su voluntaria servidumbre no es deshonrosa ni se debe tener por adulación. Y es preciso que esas dos normas, la relativa al amor *d* de los mancebos y la relativa al amor de la sabiduría y a toda forma de virtud, coincidan en una sola, si ha de suceder que resulte una cosa bella el que el amado conceda su favor al amante. Pues cuando coinciden en un mismo punto el amante y el amado, cada cual con su norma −uno la de servir a los amados que se le entregan en todo servicio que fuere justo hacer y el otro la de colaborar con el que le hace sabio y bueno en lo que a su vez sea de justicia− como puede el uno ponerse a contribución en cuanto a sabiduría moral y demás virtudes y el otro necesita *e* hacer adquisiciones en cuanto a educación y saber en general, coinciden entonces las dos normas en una sola y tan sólo en esta ocasión, jamás en otra alguna, sucede que es bello que el amado ceda al amante. En tal caso, incluso el ser engañado no es deshonroso; en todos los demás, la complacencia acarrea el deshonor, se sea engañado o no. *185* Pues si alguno, que por dinero ha complacido a un amante en la idea de que era rico, resultase engañado y no recibiera dinero, por haberse descubierto que era pobre, la cosa no sería menos vergonzosa, ya que el que así obra parece poner en evidencia su propia condición, es decir, que por dinero haría cualquier favor a cualquiera, y esto no es bello. Y por idéntico motivo, si alguno, en la idea

de complacer a un hombre de bien y de que iba a hacerse
mejor por su amistad hacia el amante, fuese engañado
b por revelarse el amante malvado y desprovisto de virtud, su engaño a pesar de todo, es bello, porque a la inversa parece haber puesto éste de manifiesto que, en lo
que depende de sí por la virtud y por hacerse mejor, estaría dispuesto a todo con todo el mundo, y es esto a su vez
lo más bello de todas las cosas. Así, el entregarse por alcanzar la virtud es algo completamente bello. Es éste el
amor de la diosa celeste, que también es celeste y de
mucho valor para la ciudad y para los ciudadanos en
particular, ya que obliga tanto al amante como al amado,
c a tener un gran cuidado de sí mismo con relación a la
virtud. Los otros amores en su totalidad son de la otra
diosa, de la vulgar. Esta es, concluyó, en lo que puede
improvisarse, ¡oh Fedro!, mi contribución sobre el Amor."

Al hacer pausa Pausanias [30] –pues así, con expresiones
simétricas, me enseñan a hablar los sofistas– me dijo
Aristodemo que hubiera debido hablar Aristófanes, pero,
como daba la casualidad de que bien fuera por la hartura, o por alguna otra causa, le había sobrevenido un ataque de hipo y no podía hablar, le dijo a Erixímaco el mé-
d dico, que estaba acomodado en el lecho contiguo:

–Erixímaco, es justo que me cures este hipo o que hables por mí hasta que se me pase.

Y Erixímaco le respondió:

–De acuerdo, haré ambas cosas. Yo hablaré en tu turno, y tú, una vez que hayas terminado con tu hipo, lo harás en el mío. Mientras yo hablo, mira a ver si conteniendo un buen rato la respiración se te quiere pasar el hipo y si no, haz gárgaras con agua. Pero si es muy perti- *e* naz, coge algo con lo que puedas hacerte cosquillas en la nariz y estornuda. Y si haces esto una o dos veces, por muy violento que sea, cesará.

—Puedes empezar a hablar —replico Aristófanes—; yo seguiré tu receta.

A continuación dijo Erixímaco:

—Pues bien, me parece que es necesario, ya que Pausanias tras haber abordado bien la cuestión no ha con- *186* cluido satisfactoriamente, que yo trate de llevarla a término. Cierto es que la existencia de dos tipos de Amor la ha distinguido en mi opinión acertadamente; pero que no sólo existe en las almas de los hombres como una atracción hacia los bellos mancebos, sino también en las demás cosas como una inclinación hacia otros muchos objetos, tanto en los cuerpos de todos los animales como en los productos de la tierra y, por decirlo así, en todos los seres, es un hecho que creo tenerlo bien observado gracias a la medicina, nuestro arte; es decir, que ese dios es grande y admirable y a todo extiende su poder, tanto en *b* el orden humano como en el orden divino. Y empezaré a hablar tomando como punto de partida la medicina, para dar lustre a mi arte. La constitución física de los cuerpos contiene en sí ese doble amor. El estado sano del cuerpo y el estado enfermo, según es convenido por todos, son cada uno un estado distinto y diferente; y lo diferente es en lo diferente donde pone su amor y su deseo. Así, pues, uno será el amor que resida en un cuerpo sano y otro el que resida en un cuerpo enfermo. Ahora bien, de la misma manera que decía hace un momento Pausanias que era bello complacer a los hombres buenos y vergonzoso a los intemperantes, es bello también en el caso de los cuerpos complacer a las tendencias buenas y saludables de cada cuerpo; y así se debe hacer, y es esto a lo que se ha dado el nombre de medicina. En cambio, es vergonzoso complacer a las tendencias malas y morbosas y es preciso mostrarse con ellas intransigente, si se pretende ser un médico con dominio de su arte. Pues es la medicina, para definirla brevemente, el conocimiento de las tendencias amorosas del cuerpo con respecto a llenarse y a vaciarse[31], y el que diagnostique en esas tendencias el amor bello y el morboso es el médico mejor capacitado. Asimismo, el que haga operarse un cambio, de suerte que se adquiera en vez de un amor el otro, y el que, en los cuerpos que en sí no tienen amor y precisan tenerlo, sepa infundirlo, así como extirparles el que tienen, será posiblemente un buen práctico de la medicina. Lo que se requiere, por tanto, respecto de los elementos que dentro del cuerpo son más enemigos entre sí, es ser capaz de hacerlos amigos y de amarse mutuamente. Y son los elementos más enemigos entre sí los más opuestos; lo frío con lo caliente, lo amargo con lo dulce, lo seco con lo húmedo y todas las cosas de este tipo. En ellas supo infundir amor y concordia nuestro antepasado Asclepio como dicen estos poetas [32] y yo les creo, y así constituyó nuestro arte. La medicina, pues, como digo, se rige en su totalidad por este dios; pero otro tanto ocurre con la gim- *187* nástica y la agricultura. En cuanto a la música, resulta evidente, por poca atención que se preste, que se encuentra en el mismo caso que éstas, como tal vez quiera decir Heráclito, ya que al menos de palabra no se expresa claramente. Dice, en efecto, que uno [33], *pese a diferir en sí, concuerda consigo mismo, como la armonía del arco y de la lira.* Pero es un gran desatino decir que la armonía difiera o que resulte de cosas que todavía difieran. Tal vez fue esto lo que quería decir: que resulta de sonidos que anteriormente fueron discordantes, del agudo y del gra- *b* ve, posteriormente concordaron gracias al arte musical, ya que indiscutiblemente si todavía discordaran el agudo y el grave no podría haber armonía. La armonía, en efecto, es una consonancia, y la consonancia es un acuerdo; pero un acuerdo que resulte de cosas discordantes, mientras sigan siendo discordantes, es imposible que exista, y a su vez lo que es discordante y no concuerda es imposible que armonice. Precisamente, así también se produce el ritmo: de lo rápido y de lo lento, de cosas que antes discordaban y que después llegaron a un acuerdo. *c* Y el acuerdo entre todas estas cosas en este caso lo impone la música de la misma manera que en aquél la medicina, infundiéndoles amor y concordia entre sí. Y es a su vez la música la ciencia de las tendencias amorosas rela-

tivas a la armonía y al ritmo. Cierto es que en la constitución en sí de la armonía y del ritmo no es nada difícil
reconocer los elementos, ni tampoco se encuentra aquí
en·ninguna parte ese doble amor. Mas cuando se requie-
d re, considerando el caso en relación con los hombres,
emplear el ritmo y la armonía, bien se trate de componer, lo que se llama hacer una melodía, o de utilizar co-
rrectamente las melodías y los metros ya compuestos, lo
que se llama educación [34], en este caso sí que hay dificultad y se precisa un buen artista. De nuevo, pues, llega-
mos a lo mismo que se dijo antes, que a los hombres
morigerados, y con el fin de que adquieran cordura los
que aún no la tienen, se les debe complacer y conservar
su amor. Y es éste el Amor que es bello, el que es "celes-
e te", el que precede de la musa Urania [35]. En cambio, el de
Polimnia es el "vulgar", que se debe aplicar prudente-
mente a quienes se aplique, para recoger, llegado el caso,
el placer que proporciona sin que dé origen a ningún exceso; así, en nuestra profesión es sumamente delicado
manejar bien los apetitos relativos al arte culinario, de
modo que se recoja el fruto del placer sin que se origine
enfermedad. Por consiguiente, no sólo en la música y en
la medicina, sino también en todas las demás activida-
188 des divinas y humanas, en lo que esto se puede hacer, ha
de vigilarse uno y otro amor, pues ambos se dan en ellas.
Incluso la ordenación de las estaciones del año está llena
de ambos amores y, siempre que en recíprocas relaciones
les toca en suerte el amor morigerado a esos contrarios

de que hablaba hace un momento –lo caliente y lo frío, lo seco y lo húmedo– y de él reciben armonía y temperada mezcla, traen su llegada prosperidad y salud a los hombres, a los animales y a las plantas y no ocasionan ningún daño. En cambio, cuando es el Amor incontinente el que predomina con relación a las estaciones del año, destruye y daña muchas cosas. En efecto, las epidemias suelen producirse de tales causas e igualmente otras muchas y diferentes enfermedades, tanto en los animales como en las plantas. Así, las escarchas, los granizos y el tizón de los granos se producen por recíproca preponderancia y desorden de tales tendencias amorosas, cuyo conocimiento en relación con las órbitas de los astros y de las estaciones del año se llama astronomía[36]. Más aún: también todos los sacrificios y ceremonias que preside el arte adivinatoria –es decir, la comunicación mutua entre los dioses y los hombres– no tienen otra finalidad que la vigilancia y la cura del Amor. Toda impiedad, en efecto, suele acontecer cuando no es el Amor morigerado a quien se complace, se honra y se venera en toda acción, sino el otro, tanto en las relaciones con los padres, durante su vida o una vez que han muerto, como en las relaciones con los dioses. Y precisamente este cometido de vigilar y curar a los amantes es el encomendado a la mántica; arte que a su vez es el artesano de la amistad entre los dioses y los hombres, por su conocimiento en las tendencias amorosas de los hombres de aquellas que tienden a un fin lícito y piadoso.

Así, pues, es un poder múltiple y enorme, o mejor aún, un poder universal el que tiene y reúne el Amor en general. Pero el amor que se manifiesta en el bien unido a la moderación y a la justicia, tanto en nosotros como en los dioses, es el que posee el mayor poder y el que nos proporciona la felicidad completa, de suerte que podamos tener trato los unos con los otros e incluso ser amigos de

e los dioses, que son más poderosos que nosotros. Tal vez, es verdad, haya pasado par alto también yo muchas cosas en mi alabanza del Amor, mas no por mi voluntad. Pero, si en algo me he quedado corto, es cosa tuya, Aristófanes, rellenar el hueco... o si se te ocurre alabar al dios de otra manera, hazlo, ya que se te ha pasado el hipo.

189   Llegándole así su turno –me contó Aristodemo–, Aristófanes dijo:

–Bien es verdad que ha cesado, pero no antes de aplicarle el estornudo, de manera que me pregunto admirado si es la parte "morigerada" del cuerpo la que desea tales ruidos y cosquilleos, como es el estornudo, pues cesó el hipo en el momento mismo que le apliqué el estornudo.

A esto replicó Erixímaco:

–Amigo Aristófanes, mira qué haces. Bromeas cuando estás a punto de hablar y me obligas a convertirme en centinela de tu discurso para ver si dices algo risible; y

b eso que te sería posible hablar en paz.

Aristófanes rompió a reír y contestó:

—Dices bien, Erixímaco, y queden como si no se hubieran dicho mis palabras. Pero no me vigiles porque temo, con respecto a las palabras que voy a pronunciar, no el decir cosas "risibles" —pues esto sería un éxito y entra en el campo de nuestra musa—, sino el decir cosas "ridículas".

—Tras tirar la piedra —dijo Erixímaco—, ¿crees, Aristófanes, que vas a escapar sin castigo? ¡Ea!, presta atención y habla en la idea de que vas a responder de lo c que digas. Tal vez, sin embargo, si me parece bien, te perdonaré.

—En verdad, Erixímaco —comenzó Aristófanes—, que se me ocurre hablar en forma distinta a como tú y Pausanias lo hicisteis. En efecto, me parece que los hombres no se dan en absoluto cuenta del "poder" [37] del Amor, ya que si se la dieran le hubiesen construido los más espléndidos templos y altares y harían en su honor los más solemnes sacrificios. Ahora, por el contrario, nada de eso se hace, por más que debiera hacerse antes que cosa alguna; pues d es el Amor el más filántropo de los dioses en su calidad de aliado de los hombres y de médico de males, cuya curación aportaría la máxima felicidad al género humano. Así, pues, yo intentaré explicaros a vosotros su poder y vosotros seréis luego los maestros de los demás. Pero antes que nada tenéis que llegar a conocer la naturaleza humana y sus vicisitudes, porque nuestra primitiva naturaleza no era la misma de ahora, sino diferente. En pri-

e mer lugar, eran tres los géneros de los hombres, no dos, como ahora, masculino y femenino, sino que había también un tercero que participaba de estos dos, cuyo nombre perdura hoy en día, aunque como género ha desaparecido. Era, en efecto, entonces el andrógino[38] una sola cosa, como forma y como nombre, partícipe de ambos sexos, masculino y femenino, mientras que ahora no es más que un nombre sumido en el oprobio. En segundo lugar, la forma de cada individuo era en su totalidad redonda, su espalda y sus costados formaban un círculo; tenía cuatro brazos, piernas en número igual al de los brazos, dos rostros sobre un cuello circular, semejantes en todo, y sobre estos dos rostros, que estaban colocados 190 en sentidos opuestos, una sola cabeza; además cuatro orejas, dos órganos sexuales y todo el resto era tal como se puede uno figurar por esta descripción. Caminaba en posición erecta como ahora, hacia adelante o hacia atrás, según deseara; pero siempre que le daban ganas de correr con rapidez hacía como los acróbatas, que dan la vuelta de campana haciendo girar sus piernas hasta caer en posición vertical y, como eran entonces ocho los miembros en que se apoyaba avanzaba dando vueltas sobre ellos a gran velocidad. Eran tres los géneros y estaban así *b* constituidos por esta razón: porque el macho fue en un principio descendiente del sol; la hembra, de la tierra; y el que participaba de ambos sexos, de la luna, ya que la luna participa también de uno y otro astro[39]. Y circulares precisamente eran su forma y su movimiento, por semejanza con sus progenitores. Eran, pues, seres terribles por su vigor y su fuerza; grande era además la arrogancia que tenían, y atentaron contra los dioses. De ellos también se dice, lo que cuenta Homero de Efialtes y de Oto [40], que intentaron hacer una escalada al cielo para atacar a *c* los dioses. Entonces, Zeus y los demás dioses deliberaron qué debían hacer, y se encontraban en grande aprieto. No les era posible darles muerte y estirpar su linaje, fulminándolo, con el rayo como a los gigantes, pues en ese caso los honores y los sacrificios que recibían de los hombres se hubieran acabado, ni tampoco el consentirles su insolencia. Con gran trabajo, al fin Zeus concibió una idea y dijo: "Me parece tener una solución para que pueda haber hombres y para que, por haber perdido fuerza, *d* cesen su desenfreno. Ahora mismo voy a cortarlos en dos a cada uno de ellos y así serán a la vez más débiles y más útiles para nosotros por haberse multiplicado su numero. Caminarán en posición erecta sobre dos piernas; pero si todavía nos parece que se muestran insolentes y que no quieren estar tranquilos, de nuevo los cortaré en dos, de suerte que anden en lo sucesivo sobre una sola pierna, saltando a la pata coja." Tras decir esto dividió en dos a los hombres, al igual que los que cortan las yerbas para *e* ponerlas a secar, o de los que cortan los huevos con una crin. Y a todo aquel que iba cortando, ordenaba a Apolo que le diera la vuelta a su rostro y a la mitad de su cuello en el sentido del corte, para que el hombre, al ver su seccionamiento, se hiciera más disciplinado, y además le daba orden de curarlo. Dábales, pues, Apolo la vuelta al rostro y reuniendo a estirones la piel de todas partes hacia lo que ahora se llama vientre, la ataba como si se tratara de una bolsa con cordel, haciendo un agujero en medio del vientre, que es precisamente lo que se llama

191 ombligo. En cuanto a las arrugas que quedaban, las alisó en su mayor parte, y dio también forma al pecho con un instrumento semejante al que usan los zapateros cuando alisan sobre la horma del calzado los pliegues de los cueros. Dejó, empero, unas cuantas arrugas, las de alrededor mismo del vientre y del ombligo, para que quedaran como un recuerdo de lo sucedido antaño. Mas una vez que fue separada la naturaleza humana en dos, añorando cada parte a su propia mitad, se reunía con ella. Se rodeaban con sus brazos, se enlazaban entre sí, deseosos de unirse

b en una sola naturaleza y morían de hambre y de inanición general, por no querer hacer nada los unos separados de los otros. Así, siempre que moría una de las mitades y quedaba sola la otra, la que quedaba con vida buscaba otra y se enlazaba a ella, bien fuera mujer entera —lo que ahora llamamos mujer —la mitad con que topara, o de varón, y así perecían. Mas compadeciéndose Zeus imaginó otra traza y les cambió de lugar sus vergüenzas colocándolas hacia adelante, pues hasta entonces las tenían

c en la parte exterior y engendraban y parían no los unos en los otros, sino en la tierra como las cigarras. Y realizó en esta forma la transposición de sus partes pudendas hacia delante e hizo que mediante ellas tuviera lugar la generación en ellos mismos, a través del macho en la hembra, con la doble finalidad de que, si en el abrazo sexual tropezaba el varón con mujer, engendraran y se perpetuara la raza y, si se unían macho con macho, hubiera al menos hartura del contacto, tomaran un tiempo de descanso, centraran su atención en el trabajo y se cuidaran de las demás cosas de la vida. Desde tan remota época, pues, es el amor de los unos a los otros connatural a los hombres y reunidor de la antigua naturaleza, y trata de hacer un solo ser de los dos y de curar la naturaleza humana. Cada uno de nosotros, efectivamente, es una contraseña [41] de hombre, como resultado del corte en dos de un solo ser, y presenta sólo una cara como los lenguados. De ahí que busque siempre cada uno a su propia contraseña. Así, pues, cuantos hombres son sección de aquel ser partícipe de ambos sexos, que entonces se llamaba andrógino, son mujeriegos; los adúlteros también en su mayor parte proceden de este género, y asimismo las mujeres aficionadas a los hombres y las adúlteras derivan también de el. En cambio, cuantas mujeres son corte de mujer no prestan excesiva atención a los hombres, sino más bien se inclinan a las mujeres, y de este género proceden las tríbades. Por último, todos los que son sección de macho, persiguen a los machos y, mientras son muchachos, como lonchas de macho que son, aman a los varones y se complacen en acostarse y en enlazarse con ellos; éstos son precisamente los mejores entre los niños y los adolescentes, porque son en realidad los más viriles

d

e

192

37

por naturaleza. Algunos, en cambio, afirman que son unos
desvergonzados. Se equivocan, pues no hacen esto por
desvergüenza, sino por valentía, virilidad y hombría,
porque sienten predilección por lo que es semejante a
ellos. Y hay una gran prueba de que es así: cuando llegan
al término de su desarrollo, son los de tal condición los
únicos que resultan viriles en la política. Mas una vez
b que llegan a adultos, aman a su vez a los mancebos y, si
piensan en casarse y tener hijos, no es por natural impulso, sino por obligación legal; les basta con pasarse la vida
en mutua compañía sin contraer matrimonio. Y ciertamente el que es de tal índole se hace "pederasta", amante
de los mancebos, y "filerasta", amigo del amante, porque siente apego a lo que le es connatural. Pero, cuando
se encuentran con aquella mitad de sí mismos, tanto el
pederasta como cualquier otro tipo de amante, experi-
c mentan entonces una maravillosa sensación de amistad,
de intimidad y de amor, que les deja fuera de sí, y no
quieren, por decirlo así, separarse los unos de los otros ni
siquiera un instante. Estos son los que pasan en mutua
compañía su vida entera y ni siquiera podrían decir qué
desean unos de otros. A ninguno, en efecto, le parecería
que ello era la unión en los placeres afrodisíacos y que
precisamente ésta es la causa de que se complazca el uno
en la compañía del otro hasta tal extremo de solicitud.
d No; es otra cosa lo que quiere, según resulta evidente, el
alma de cada uno, algo que no puede decir, pero que adi-
vina confusamente y deja entender como un enigma. Así,

si cuando están acostados en el mismo lecho, se presentara junto a éste Hefesto con sus utensilios y les preguntase: "¿Qué es lo que queréis, hombres, que os suceda mutuamente?", y si, al no saber ellos qué responder, les volviese a preguntar: "¿Es acaso lo que deseáis el uniros mutuamente lo más que sea posible, de suerte que ni de noche ni de día os separéis el uno del otro? Si es esto lo que deseáis, estoy dispuesto a fundiros y a amalgamaros *e* en un mismo ser, de forma que siendo dos quedéis convertidos en uno solo y que, mientras dure vuestra vida, viváis en común como si fuerais un solo ser y, una vez que acabe ésta, allí también en el Hades en vez de ser dos seáis uno solo, muertos ambos en común. ¡Ea! Mirad si es esto lo que deseáis y si os dais por contentos con conseguirlo." Al oír esto, sabemos que ni uno solo se negaría, ni demostraría tener otro deseo, sino que creería simplemente haber escuchado lo que ansiaba desde hacía tiempo: reunirse y fundirse con el amado y convertirse de dos seres en uno solo. Pues la causa de este anhelo es que nuestra primitiva naturaleza era la que se ha dicho y que constituíamos un todo; lo que se llama amor, por con- *193* siguiente, es el deseo y la persecución de ese todo. Anteriormente, como digo, constituíamos un solo ser, pero ahora, por nuestra injusticia fuimos disgregados [42] por la divinidad como los arcadios lo han sido por los lacedemonios. Y existe el peligro de que, si no nos mostramos disciplinados con los dioses, se nos seccione de nuevo y marchemos por ahí como esos que están esculpidos de perfil en las estelas, serrados en dos por la nariz

b y convertidos en medias tabas [43]. Por esto debemos exhortar a todos los hombres a mostrarse piadosos con los dioses en todo, para esquivar ese temor y conseguir ese anhelo, del que es guía y caudillo el Amor [44]. Que nadie obre en su contra. Y obra en su contra todo aquel que se enemista con los dioses. Pues si nos hacemos sus amigos y nos reconciliamos con el dios, descubriremos y nos encontraremos con los amados que nos corresponden, lo que consiguen muy pocos de los hombres de ahora. Y ¡por favor!, que no me interrumpa Erixímaco, haciendo escarnio de mi discurso, porque piense que aludo a

c Pausanias y Agatón [45]..., pues tal vez se dé la casualidad de que sean individuos de esta especie y "machos" ambos, por naturaleza. Lo que yo digo lo aplico en general a hombres y a mujeres, y es que tan sólo podría alcanzar la felicidad nuestra especie si lleváramos el amor a su término de perfección y cada uno consiguiera el amado que le corresponde remontándose a su primitiva naturaleza. Y si esto es lo mejor, necesariamente en el estado actual de las cosas será lo mejor lo que más cerca esté de este ideal. Y esto es el conseguir un amado que por naturale-

d za coincida con la índole de uno. Así, pues, si a quien celebramos es al dios que origina esto, celebraremos con razón al Amor, que en el presente es el que mayor servicio nos presta por conducirnos a lo que es afín a nosotros, y que, para el futuro, hace nacer en nosotros las mayores esperanzas de que, si mostramos piedad hacia los dioses, nos reintegrará a nuestra primitiva naturaleza y curándonos nos hará bienaventurados y felices.

Este es, Erixímaco –dijo Aristófanes–, mi discurso sobre el Amor, de otra índole que el tuyo. No lo ridiculices, como te he suplicado, para que podamos escuchar qué *e* dirá cada uno de los restantes, o mejor dicho, uno y otro, pues sólo quedan por hablar Agatón y Sócrates.

–De acuerdo. Te obedeceré –me contó Aristodemo que replicó Erixímaco–, pues tu discurso ha sido de mi agrado. Es más, si no supiera que Sócrates y Agatón son peritos en cuestiones eróticas, mucho temería que no supieran qué decir por haberse dicho ya muchas y variadísimas razones. No obstante, tengo esperanzas.

Entonces, Sócrates dijo: *194*

–Te has portado, en efecto, como un bravo en la contienda, Erixímaco, pero si te encontraras donde yo estoy ahora, o mejor quizá, donde me encontraré una vez que haya pronunciado también Agatón un excelente discurso, grande sería tu temor y estarías en el mayor embarazo, como yo estoy ahora.

–Lo que quieres es darme mal de ojo, Sócrates –intervino Agatón–, para que me azore por creer que domina al auditorio una gran expectación, como si yo fuera a hablar bien.

–Sería sin duda olvidadizo, Agatón –le respondió *b* Sócrates–, si después de haber visto tu hombría y tu arrogancia cuando subiste al tablado con los actores, enfrentaste tu mirada con tan enorme auditorio y, a pesar de que ibas a representar tu propia obra, no te turbaste en absoluto, creyese yo que ahora te ibas a azorar por nosotros, que somos unos pocos hombres.

—¿Y qué, Sócrates? —replicó Agatón—; ¿es que me consideras tan lleno de teatro que desconozca que para el que tiene seso unos cuantos inteligentes son mucho más de temer que un enjambre de necios?

c   —No haría bien, Agatón —dijo Sócrates—, si supusiera en ti alguna rusticidad. Bien sé que si tropezaras con unos cuantos que creyeras sabios, te preocuparías mucho más de ellos que de la masa. Pero me temo que nosotros no somos esos hombres, pues estuvimos también en el teatro y formábamos parte del vulgo. Ahora bien, si te encontraras con otros, sabios de verdad, tal vez sentirías vergüenza entre ellos, si creyeras que hacías algo que era feo. ¿Qué dices a esto?

—Que dices la verdad —respondió.

d   —¿Y no sentirías, en cambio, vergüenza ante el vulgo, si creyeras hacer algo feo?

Aquí, me contó Aristodemo, les interrumpió Fedro, que dijo:

—Querido Agatón, si respondes a Sócrates, ya no le interesará nada de lo de aquí, suceda lo que suceda y del modo que sea, con tal de tener alguien con quien dialogar, especialmente si es un bello mancebo. Por lo que a mí respecta, me gusta oír a Sócrates conversar, pero me es necesario, sin embargo, en beneficio del Amor, velar por su alabanza y recibir de cada uno de vosotros vuestro discurso. Así que, cuando haya prestado cada uno su contribución al dios, que dialogue entonces sin más.

–Tienes razón, Fedro –dijo Agatón–, y nada me impi- *e* de hablar, pues con Sócrates tendré después mil ocasiones de conversar.

–Pues bien, quiero decir primero de qué modo debo hablar y después pronunciar mi discurso. En mi opinión, todos los que han hablado antes no han alabado propiamente al dios, sino felicitado a los hombres por los beneficios que el dios les proporciona; en cambio, qué cualidades reúne en sí para haberles otorgado esos dones, eso no lo ha dicho ninguno. Pero sólo hay un modo correcto *195* de hacer cualquier encomio sobre cualquier cosa: exponer detalladamente cómo es y qué efectos produce la cosa sobre la cual se esté hablando. De esta manera, es justo también que alabemos al Amor, primero en sí, tal como es, y luego en sus dádivas. Y yo afirmo que entre todos los dioses, que de por sí son bienaventurados, es el Amor, si es lícito y no acarrea la ira de los dioses el decirlo, el más bienaventurado de ellos, ya que es el más bello y el mejor. Y es el más bello porque reúne estas condiciones: *b* en primer lugar, Fedro, es el más joven de los dioses. Una gran prueba en pro de mi afirmación, el mismo la procura, al huir en franca fuga de la vejez, que evidentemente es veloz, o al menos nos alcanza a nosotros con mayor rapidez que fuera menester. Contra ésta, como es sabido, siente aversión el Amor por naturaleza y no se aproxima a ella ni a larga distancia. Entre los jóvenes, en cambio, siempre anda y está, pues razón tiene ese antiguo dicho de que lo semejante se arrima siempre a lo semejante. Yo, con Fedro, a pesar de que con él coincido en otras muchas cosas, no estoy de acuerdo con eso de que Amor es

c más antiguo que Crono [46] y que Jápeto, sino que afirmo que es el más joven de los dioses y siempre joven. En cuanto a esos antiguos hechos referentes a los dioses de que hablan Hesíodo y Parménides [47], sostengo que fueron debidos a la Necesidad y no al Amor —en el supuesto de que aquéllos dijeran la verdad—, ya que, de haber estado Amor entre ellos, no hubiera habido ni mutilaciones, ni mutuos cautiverios, ni otras muchas violencias, sino amistad y paz como hay ahora, desde que el Amor reina entre los dioses. Es el dios, según lo dicho, joven, pero además de joven, delicado. Es más, requiere un poeta

d como fue Homero para describir su divina delicadeza. Homero, en efecto, a propósito de Ate, asegura que es una diosa y además delicada —al menos que sus pies son delicados— con estas palabras:

> Sus pies en verdad son delicados, pues no los
> aproxima al suelo,
> sino que sobre cabezas de hombres camina [48].

Buena es, en mi opinión, la prueba con la que muestra su delicadeza: el que no camina sobre cosa dura, sino

e blanda. De la misma prueba, pues, nos serviremos nosotros también respecto del Amor, para mostrar que es delicado. No camina el Amor sobre el suelo, ni sobre los cráneos, que no son excesivamente blandos, sino que camina y habita en los más blandos de los seres: es en los caracteres y en las almas de dioses y de hombres, donde asienta su morada. Mas no indistintamente en todas las almas, que de toda aquella que encuentra con un carácter duro, se aparta, y se instala, en cambio, en la que lo tiene blando. Estando, por tanto, no sólo con los pies, sino con todas las partes de su cuerpo, siempre en contacto con las más blandas de las cosas más blandas que hay, necesariamente será delicado en grado sumo. Es, pues, por una parte, sumamente joven y sumamente 196 delicado, pero además de estas cualidades es flexible de forma; porque, si fuera rígido, no sería capaz de replegarse en todas sus partes ni tampoco de pasar inadvertido a través de las almas, al penetrar primero en ellas y luego al salir. Por otra parte, de su figura simétrica y flexible hay un excelente indicio: su proporción de formas, lo que precisamente según reconocen todos, posee en grado sumo Amor; pues entre la deformidad y el Amor siempre existe mutua guerra. La belleza de su tez la indica ese modo de vivir del dios entre flores; porque en lo que no está en flor o está marchito, bien sea cuerpo *b* o alma o cualquier otra cosa, no reside Amor, mas donde haya lugar florido y perfumado, allí aposenta su sede y permanece.

Sobre la belleza del dios, pues, basta con esto que se ha dicho, por más que queden todavía muchas cosas por decir. A continuación se ha de hablar sobre la virtud del Amor. Lo más importante es que el Amor no comete injusticia contra dios ni contra hombre, ni la recibe tampoco de dios o de hombre alguno. Tampoco padece violencia, si es que padece de algo, pues la violencia no toca al

c Amor. Asimismo, cuando obra, no ejerce violencia, porque todo el mundo sirve al Amor de buen grado en todo, y aquello que convienen dos por propia voluntad dicen *"las leyes reinas de la ciudad"* [49] que es justo. Pero, aparte de la justicia, participa además de la mayor templanza. Pues, según se opina comúnmente, la templanza es el dominio [50] de los placeres y de los deseos y no hay ningún placer más fuerte que el Amor. Si los placeres, pues, son menos fuertes que el, serán dominados, por el Amor y el tendrá dominio sobre ellos; y por este dominio de los placeres y de los apetitos, el Amor tendrá templanza en grado sumo. Por otra parte, en lo que a valentía toca, con

d Amor *"ni siquiera Ares compite"* [51], pues no es Ares quien se adueña del Amor, sino el Amor de Ares, es decir, Afrodita, según se cuenta, y es superior lo que domina a lo dominado. Así, si prevalece sobre el más valiente de los restantes, será el más valiente de todos. Sobre la justicia, templanza y valentía del dios se ha hablado; queda hacerlo sobre su sabiduría y, en lo que es posible, se ha de intentar no pasar nada por alto. En primer lugar, para

e que honre también yo nuestro arte, como Erixímaco el suyo, diré que es el dios poeta tan hábil que puede incluso crear otro. Al menos se hace poeta todo aquél, *"por*

negado a las musas que fuera anteriormente" [52], a quien toque el dios. Y de esto conviene que nos sirvamos como
testimonio de que el Amor es un excelente poeta en general en toda clase de creación relativa a las artes de las
Musas; porque aquello que no se tiene o no se sabe, no se
puede dar a otro o enseñárselo a tercero. Y, ciertamente,
la creación de los seres vivos en su totalidad ¿quién ne-   197
gará que es una parte de la sabiduría del Amor, por la
que nacen y se producen todos los seres? En cuanto a la
práctica de las artes, ¿es que no sabemos que aquel que
tenga a ese dios por maestro resulta famoso e ilustre, y
oscuro aquel a quien Amor no toque? Incluso el arte de
disparar el arco, la medicina y el arte adivinatoria las
descubrió Apolo bajo la guía del deseo y del amor, de
suerte que también él puede ser tenido por discípulo del   *b*
Amor; asimismo las Musas, respecto de las artes musica-
les, Hefesto respecto de la forja, Atenea respecto del arte
de tejer y Zeus en el de *gobernar a los dioses y a los hombres* [53]. De ahí también que se estableciera un orden en las
cosas de los dioses cuando entre ellos apareció el Amor
—claro es que el de la belleza, pues no se posa amor en la
fealdad—. Hasta entonces, como dije al principio, tuvieron lugar entre los dioses muchos horrores, según se cuenta, por culpa del reinado de Necesidad, pero una vez que
nació ese dios, del amar las cosas bellas se han seguido   *c*
toda clase de bienes tanto para los dioses, como para los
hombres.

Esta es mi opinión, Fedro: el Amor, por ser ante todo

sumamente bello y excelente en sí, es causa después para los demás de otras cosas semejantes. Y se me ocurre también decir en verso que es él quien crea:

En los hombres la paz, en el piélago calma sin brisa,
el reposo de los vientos y el sueño en las cuitas.

d   Es él quien nos vacía de hostilidad y nos llena de familiaridad, quien ha instituido todas las reuniones como ésta para que las celebremos en mutua compañía y el que en las fiestas, en las danzas y en los sacrificios se hace nuestro guía; nos procura mansedumbre, nos despoja de rudeza; amigo de dar benevolencia, jamás da malevolencia, es benigno en su bondad; digno de ser contemplado por los sabios, de ser admirado por los dioses; envidiable para los que no le poseen, digno de ser poseído por los favorecidos por la suerte; del lujo, de la molicie, de la delicadeza, de las gracias, del deseo, de la añoranza es padre; atento con los buenos, desatento con los malos; en la fatiga, en el te-
e mor, en el deseo, en el discurso es piloto, marinero, compañero de armas y salvador excelso; ornato de todos dioses y hombres, y guía de coro, el más bello y el mejor, a quien deben seguir todos los hombres elevando himnos en su honor y tomando parte en la que entona y con la que embelesa la mente de todos dioses y hombres.

—Este es, Fedro —concluyó—; el discurso que de mi parte debe quedar consagrado al dios: un discurso que, en la medida de mis fuerzas, tiene parte de broma y parte de comedida gravedad".

Al terminar de hablar Agatón, todos los presentes, se- 198
gún me contó Aristodemo, prorrumpieron en aplausos,
porque estimaban que el joven había hablado en consonancia consigo mismo y con el dios. Sócrates, entonces,
lanzó una mirada a Erixímaco y le dijo:

—¿Acaso estimas, ¡oh, hijo de Acúmeno!, que mi miedo de hace un momento era infundado? ¿No te parece
más bien que lo que decía hace un rato era una verdadera profecía, que Agatón iba a hablar maravillosamente y
que yo me iba a encontrar en un aprieto?

—Esto último —le respondió Erixímaco—, que Agatón
iba a hablar bien, lo has dicho, en mi opinión, como un
verdadero profeta. Pero eso de que tú no sepas qué decir
no lo creo.

—¿Cómo, ¡oh, bienaventurado! —le replicó Sócrates, no b
voy a encontrarme en un aprieto, y no sólo yo, sino también otro cualquiera, si he de hablar después de haberse
pronunciado un discurso tan bello y tan variado? Cierto
es que la primera parte no ha sido tan maravillosa, pero
en lo tocante al final... ¿quién al oírlo no quedaría embe-
lesado por la belleza de los nombres y de los períodos?
Tanto es así que cuando reflexionaba que no iba a ser
capaz de decir nada bello que pudiera aproximarse siquiera a estas palabras, poco faltó para que por vergüen- c
za me escapara, y lo hubiera hecho, de haber tenido algún miedo. Me traía, en efecto, su discurso, el recuerdo
de Gorgias, de tal forma que pasé, ni más ni menos, por
esa situación que cuenta Homero [54]; temía que, al termi-

nar Agatón, arrojara en su discurso la cabeza de Gorgias, ese terrible orador, sobre el mío y me convirtiera en piedra por la imposibilidad de emitir palabra. Fue entonces cuando me di cuenta de lo ridículo que era cuando os prometí hacer en turno con vosotros encomio del

d Amor y afirmé que era entendido en cuestiones amorosas, por más que no sabía nada de ese asunto de cómo se debe hacer un encomio cualquiera. Llevado por mi ignorancia, yo creía que se debía decir la verdad sobre cada una de las cualidades de la cosa encomiada, aunque también fuera posible escoger entre ellas las más bellas y exponerlas de la manera más brillante posible. Grande era ciertamente mi presunción de que iba a hablar bien, ¡como si conociera la manera verdadera de hacer cual-

e quier alabanza! Mas no era ése, al parecer, el modo correcto de elogiar cualquier cosa, sino el atribuir al objeto el mayor número de cualidades y las más bellas, se dieran o no en la realidad. Y si éstas eran falsas, la cosa carecía de importancia, pues lo que se propuso fue, al parecer, que cada uno de nosotros cuidara de hacer en apariencia el encomio del Amor, no que éste fuera realmente elogiado. Por esta razón, creo rebuscáis toda clase de calificativos y se los aplicáis al Amor y decís que

199 es de tal o cual condición, u origen de tantas o cuantas cosas, para que aparezca de la manera más bella y mejor posible, claro está que ante los ignorantes, pero no, por supuesto, ante los entendidos; y así el elogio sólo resulta bello, sino también pomposo. Pues bien, yo no cono-

cía ese tipo de alabanza y por no conocerlo os prometí hacer yo también en mi turno un encomio.

Fue sin duda *'la lengua la que prometió, no la men*te' [55]. Adiós, pues, el encomio. Yo ya no lo hago de esta manera, porque no podría hacerlo. Sin embargo, la verdad, si os parece bien, estoy dispuesto a decirla a mi manera, *b* mas sin poner en parangón mi discurso con los vuestros, para no incurrir en ridículo. Mira, pues, Fedro, si hace falta también un discurso semejante, uno que permita oír la verdad sobre el Amor, pero con el léxico y ordenación de vocablos que buenamente salgan.

—Entonces —me dijo Aristodemo—, Fedro y los demás le invitaron a hablar conforme él creyera conveniente.

—Pues bien, Fedro —agregó Sócrates—, déjame todavía hacer a Agatón unas cuantas preguntas, para que, una vez *c* que haya recibido su asentimiento, empiece ya a hablar.

—Está bien. Te dejo —le contestó Fedro—; pregúntale.

Después de esto me contó Aristodemo que Sócrates empezó más o menos así:

—Bien es verdad, querido Agatón, que me pareció que comenzaste acertadamente tu discurso, diciendo que primero era necesario mostrar cómo era el Amor en sí y después cómo eran sus obras. Este principio me admira grandemente. Pero, veamos, a propósito del Amor, ya que por lo demás explicaste bien y en un magnífico estilo cómo *d* era, dime aún esto: ¿Es por su naturaleza el Amor de tal clase que sea amor de algo o de nada? Y lo que pregunto no es si el Amor es amor de una madre o de un padre [56]

—pues sería ridícula la pregunta de si el Amor es amor de madre o de padre—, sino que hago la pregunta de la misma manera que si a propósito del concepto de "padre" preguntara: ¿Es el padre padre de algo o no? En ese caso, me responderías sin duda alguna, si quisieras responderme bien, que el padre es padre de un hijo o de una hija. ¿No es verdad?

—Sí —respondió Agatón.

e —¿Y no ocurre lo mismo con el concepto de "madre"?

Agatón convino también en esto.

—Respóndeme aún —replicó Sócrates— unas cuantas preguntas, para que te enteres mejor de lo que quiero decir. Si yo, pongo por caso, te preguntase: ¿Y qué? ¿El hermano, en cuanto que es tal, es hermano de alguien o no?

—Lo es —afirmó Agatón.

—¿Y no lo es de un hermano o de una hermana?

—Sí —convino.

—Intenta, pues —repuso Sócrates—, responder a propósito del Amor. ¿Es el Amor amor de algo o de nada?

200 —Sí, por cierto, lo es de algo.

—Esto —dijo Sócrates— guárdalo en tu memoria acordándote de qué cosa es amor. Pero ahora dime tan solo esto: ¿Desea el Amor aquello de lo que es amor, o no?

—Sí, y mucho —respondió.

—¿Es acaso al poseer lo que desea y ama cuando desea y ama, o es al no poseerlo?

—Al no poseerlo, al menos según es verosímil —contestó.

–Considera ahora –replicó Sócrates– si en vez de verosímil es necesario que así sea, es decir: lo que desea desea aquello de que está falto, y no lo desea si está provisto de ello. A mí al menos me da una extraordinaria *b* sensación, Agatón, de que es necesario. ¿Y a ti?

–También a mí me la da –respondió.

–Dices bien. ¿Querría, por consiguiente, el que es grande ser grande y el que es fuerte ser fuerte?

–Es imposible, según lo convenido.

–En efecto, ya que no carecería de estas cualidades por poseerlas en sí mismo.

–Dices la verdad.

–Pero en el caso de que alguien, a pesar de ser fuerte, quisiera ser fuerte –agregó Sócrates–, o siendo veloz, ser veloz, o estando sano, estar sano... Pues tal vez puede alguien creer con respecto a estas cualidades y a todas *c* las similares, que los que las reúnan en sí y las poseen, desean, no obstante, lo que tienen. Y digo esto para que no nos llamemos a engaño. Pues estos individuos, Agatón, si reflexionas bien, verás que por necesidad poseen en el momento presente una por una todas las cosas que poseen, quieran o no quieran; y ¿quién puede estar deseoso precisamente de eso, de lo que posee? Así, suponiendo que alguien nos dijera: "Yo estoy sano y quiero estar sano", o bien: "Yo soy rico y deseo lo mismo que tengo", le diríamos: "Tú, buen hombre, que posees riquezas, salud o fuerza, quieres también poseer estos bie *d* nes en el futuro, ya que, al menos en el momento presente, quieras o no, los tienes. Mira, pues, cuando digas eso de "deseo lo que actualmente tengo", si lo que expresas con ello es otra cosa que esto: "Quiero tener también en el futuro lo que ahora tengo". ¿Podría afirmar otra cosa? Agatón mostró, según me dijo Aristodemo, su conformidad.

A continuación, dijo Sócrates:

—¿Y no equivale esto, es decir, el desear que en el futuro estas cualidades se conserven y perduren en nosotros, *e* a amar aquello que aún no está a nuestra disposición, ni se tiene?

—Sin duda alguna —respondió Agatón.

—Luego éste y cualquier otro que siente deseo, desea lo que no tiene a su disposición y no está presente, lo que no posee, lo que él no es y aquello de que carece. ¿No son éstas o cosas semejantes el objeto del deseo y del amor?

—Sin duda alguna —dijo Agatón.

—Ea, pues —dijo Sócrates—, pongamos de acuerdo lo dicho. ¿No es el Amor en primer lugar amor de algo y en segundo lugar de aquello de que está falto?

201   —Sí —respondió.

—Después de esto, acuérdate ahora sobre qué cosas, según dijiste en tu discurso, versaba el Amor; o, si lo prefieres, yo te lo recordaré. Creo que tú dijiste más o menos así, que entre los dioses se estableció un orden de cosas gracias al amor de lo bello, pues lo feo no podría ser el objeto del amor. ¿No te expresabas más o menos así?

—Así lo dije, en efecto —respondió Agatón.

—Y lo dices con toda razón, compañero —replicó Sócrates—. Pero si esto es así, ¿puede ser el Amor otra cosa que amor de la belleza y no de la fealdad?

Agatón dio su aprobación a esto.

—Mas ¿no se ha convenido en que es lo que le falta y no tiene, lo que desea y ama? *b*

—Sí —dijo.

—En ese caso, el Amor carece de belleza y no la posee.

—Necesariamente —respondió.

—¿Y qué? ¿Lo que carece de belleza y en modo alguno la posee, dices tú que es bello?

—No, por supuesto.

—¿Persistes todavía en afirmar que el Amor es bello, si esto es así?

Agatón entonces le dijo:

—Es muy probable, Sócrates, que no entendiera nada de lo que dije entonces.

—Y eso que hablaste bellamente, Agatón —replicó *c* Sócrates—. Pero respóndeme todavía un poco. ¿Las cosas buenas no te parecen también bellas?

—Al menos, esa es mi opinión.

—Entonces, si el Amor carece de cosas bellas y lo bueno es bello, también estará falto de cosas buenas.

—Sócrates —respondió—, a ti no sería yo capaz de contradecirte. Que quede el asunto tal como tú dices.

—No, por cierto, querido Agatón —le replicó Sócrates—; es a la verdad a la que no puedes contradecir, pues a Sócrates no es nada difícil.

d —Pero a ti te dejaré ya y me ocuparé del discurso sobre el Amor, que un día escuché a una mujer de Mantinea, Diotima[57], que no sólo era sabia en estas cuestiones, sino en otras muchas; tanto es así que, por haber hecho antaño, con anterioridad a la peste, un sacrificio los atenienses, aplazó por diez años la epidemia. Fue precisamente esa mujer mi maestra en las cosas del amor, y el discurso que me pronunció voy a intentar repetíroslo tomando como punto de partida lo que hemos convenido Agatón y yo, hablando conmigo mismo, en la forma que pueda. Y como, según indicaste tú, Agatón, se debe exponer primero qué *e* es el Amor en sí y cuál es su naturaleza, y después sus obras, me parece que lo más fácil para mí es hacer mi relato, ciñéndome a las preguntas que entonces me iba haciendo la extranjera. Sobre poco más o menos también yo había aducido ante ella otras tantas razones, como las que ahora ha aducido Agatón ante mí: que el Amor era un gran dios y que tenía por objeto las cosas bellas pero ella me fue refutando con los mismos argumentos que yo a él: que no era ni bello, según pretendían mis palabras, ni bueno.

—¿Cómo dices, Diotima? —le repliqué yo—. ¿Entonces es feo el Amor y malo?

—¿No hablarás con respeto? —me dijo—. ¿Es que crees que lo que no sea bello habrá de ser por necesidad feo?

202 —Exactamente.

—¿Y lo que no sea sabio, ignorante? ¿No te has dado cuenta que existe algo intermedio entre la sabiduría y la ignorancia?

–¿Qué es eso?

–El tener una recta opinión sin poder dar razón de ella.
¿No sabes –prosiguió– que esto no es ni conocimiento,
pues una cosa de la que no se puede dar razón no puede
ser conocimiento, ni tampoco ignorancia, pues no puede
ser ignorancia lo que alcanza la realidad? Más bien, supongo yo, es la recta opinión algo así como un intermedio entre la sabiduría y la ignorancia.

Es verdad –respondí yo– lo que dices.

–Así, pues, no pretendas hacer por necesidad lógica *b*
lo que no es bello, feo, ni lo que no es bueno, malo. Y de
la misma manera también en lo que al Amor atañe, ya
que reconoces que no es ni bueno ni bello, tampoco creas
que debe ser feo o malo, sino algo intermedio entre estos
dos extremos.

–Pero el caso es –le dije yo–, que todos están de acuerdo en que es un gran dios.

–¿Te refieres a todos los ignorantes o a todos los sabios? –me replicó.

–A todos, sin excepción.

–¿Y cómo pueden estar de acuerdo, Sócrates –me dijo *c*
sonriendo–, en que es un gran dios, aquellos que niegan
incluso que sea dios?

–¿Quiénes son esos? –le pregunté.

–Uno eres tú –me contestó–, y otra yo.

Yo, entonces, le dije:

–¿Cómo dices esto?

–Muy sencillamente –me replicó–. Dime: ¿No afirmas

que todos los dioses son bienaventurados y felices? ¿O es que te atreverías a afirmar que hay alguno entre los dioses que no sea bello y feliz?

¡Por Zeus!, yo no –le dije.

–¿Y no llamas bienaventurados precisamente a los que poseen las cosas buenas y las cosas bellas?

–Exacto.

d   –Pues, al menos, en lo que toca al Amor, has reconocido que su indigencia de cosas buenas y bellas le hace desear esas mismas cosas de que está falto.

–Lo he reconocido, en efecto.

–¿Cómo puede ser, según eso, dios el que no tiene parte de lo bello y de lo bueno?

–Es imposible, al parecer.

–¿Ves ahora –me dijo–, que tú tampoco consideras dios al Amor?

–¿Qué cosa puede ser entonces el Amor? –le objeté–. ¿Un mortal?

–No, ni mucho menos.

–Entonces, ¿qué?

–Como en los casos anteriores –repuso–, algo intermedio entre mortal e inmortal.

–¿Qué, Diotima?

–Un gran genio [58], Sócrates pues todo lo que es genio, e está entre lo divino y lo mortal.

–Y ¿qué poder tiene? –le repliqué yo.

–Interpreta y transmite a los dioses las cosas humanas y a los hombres las cosas divinas, las súplicas y los sacri-

ficios de los unos y las órdenes y las recompensas a los
sacrificios de los otros. Colocado entre unos y otros relle-
na el hueco, de manera que el Todo quede ligado consigo
mismo. A través de él discurre el arte adivinatoria en su
totalidad y el arte de los sacerdotes relativa a los sacrificios, a las iniciaciones, a los encantos, a la mántica toda y   203
a la magia. La divinidad no se pone en contacto con el
hombre, sino que es a través de este género de seres por
donde tiene lugar todo comercio y todo diálogo entre los
dioses y los hombres, tanto durante la vigilia como durante el sueño. Así, el hombre sabio con relación a tales
conocimientos es un hombre 'genial' y el que lo es en otra
cosa cualquiera, bien en las artes o en los oficios, un simple menestral. Estos genios, por supuesto son muchos y
de muy variadas clases y uno de ellos es el Amor.

—Y ¿quién es su padre —le pregunté— y quién es su
madre?

—Más largo es de explicar, pero sin embargo, te lo diré.   b
Cuando nació Afrodita, los dioses celebraron un banquete
y entre ellos estaba también el hijo de Metis (la Prudencia), Poro (el Recurso). Una vez que terminaron de comer, se presentó a mendigar, como era natural al cele-
brarse un festín, Penía (la pobreza) y quedóse a la puerta.
Poro, entretanto, como estaba embriagado de néctar —aún
no existía el vino—, penetró en el huerto de Zeus y en el
sopor de la embriaguez se puso a dormir. Penía entonces, tramando, movida por su escasez de recursos, ha-   c
cerse un hijo de Poro, del Recurso, se acostó a su lado y

concibió al Amor. Por esta razón el Amor es acólito y escudero de Afrodita, por haber sido engendrado en su natalicio, y a la vez enamorado por naturaleza de lo bello: por ser Afrodita también bella. Pero, como hijo que es de Poro y de Penía, el Amor quedó en la situación siguiente: en primer lugar es siempre pobre y está muy lejos de ser delicado y bello, como lo supone el vulgo, por el contrario, es rudo y escuálido, anda descalzo y carece de

d hogar, duerme siempre en el suelo y sin lecho, acostándose al sereno en las puertas y en los caminos, pues por tener la condición de su madre, es siempre compañero inseparable de la pobreza. Mas por otra parte, según la condición de su padre, acecha a los bellos y a los buenos, es valeroso, intrépido y diligente; cazador temible, que siempre urde alguna trama; es apasionado por la sabiduría y fértil en recursos: filosofa a lo largo de toda su

e vida y es un charlatán terrible, un embelesador y un sofista. Por su naturaleza no es inmortal ni mortal, sino que en un mismo día a ratos florece y vive, si tiene abundancia de recursos, a ratos muere y de nuevo vuelve a revivir gracias a la naturaleza de su padre. Pero lo que se procura, siempre se desliza de sus manos, de manera que no es pobre jamás el Amor, ni tampoco rico. Se encuentra en el término medio entre la sabiduría y la ignorancia.

204 Pues he aquí lo que sucede: ninguno de los dioses filosofa ni desea hacerse sabio, porque ya lo es, ni filosofa todo aquel que sea sabio. Pero a su vez los ignorantes ni filosofan ni desean hacerse sabios, pues en esto estriba el mal de la ignorancia: en no ser ni noble, ni bueno, ni sabio y tener la ilusión de serlo en grado suficiente. Así, el que no cree estar falto de nada no siente deseo de lo que no cree necesitar.

—Entonces, ¿quiénes son los que filosofan, Diotima —le dije yo—, si no son los sabios ni los ignorantes?

—Claro es ya incluso para un niño —respondió— que son *b* los intermedios entre los unos y los otros, entre los cuales estará también el Amor. Pues es la sabiduría una de las cosas más bellas y el Amor es amor respecto de lo bello, de suerte que es necesario que el Amor sea filósofo [59] y, por ser filósofo, algo intermedio entre el sabio y el ignorante. Y la causa de estas tendencias ingénitas en él es su origen, pues es hijo de un padre sabio y rico en recursos y de una madre que no es sabia y carece de ellos. La naturaleza, pues de ese genio, ¡oh querido Sócrates!, es la que se ha dicho; y en cuanto a esa idea errónea que te forjaste sobre el Amor no es extraño que se te ocurriera. Tú te imaginaste, al menos me lo parece según puedo colegir *c* de tus palabras, que el Amor era el amado y no el amante. Por este motivo, creo yo, te parecía sumamente bello el Amor, porque lo amable es lo que en realidad es bello, delicado, perfecto y digno de ser tenido por feliz y envidiable. En cambio, el amante tiene una naturaleza diferente, que es tal como yo la describí.

Entonces yo le dije:

—Admitido, extranjera. Dices bien, pero siendo el Amor así, ¿qué utilidad tiene para los hombres?

d —Esto es precisamente lo que voy a intentar explicar a continuación —me respondió—. Es por una parte el Amor en sí y en su origen tal y como se ha dicho, y por otra es amor de las cosas bellas, como tú dices. Pero si alguien nos preguntase: ¿Respecto de qué es el Amor amor de las cosas bellas, oh Sócrates y tu, Diotima? O así, con mayor claridad: el amante de las cosas bellas las desea: ¿qué desea?

—Que lleguen a ser suyas —le respondí yo.

—Pero todavía requiere tu respuesta la siguiente pregunta: ¿Qué le sucederá a aquel que adquiera las cosas bellas?

—No tengo todavía muy a la mano una respuesta para esta pregunta —le contesté yo.

e —Pues bien —dijo ella—, suponte que, cambiando los términos y empleando en vez de bello bueno, se te preguntase: Veamos, Sócrates, el amante de las cosas buenas, las desea: ¿qué desea?

—Que lleguen a ser suyas —le contesté.

—¿Y qué le sucederá a aquel que adquiera las cosas buenas?

Esto te lo puedo responder con mayor facilidad —le dije—; será feliz.

205 —En efecto —replicó—; por la posesión de las cosas buenas los felices son felices, y ya no se necesita agregar esta pregunta: ¿Para qué quiere ser feliz el que quiere serlo?, sino que parece que la respuesta tiene aquí su fin.

—Es verdad lo que dices —le repliqué.

—Pues bien, ese deseo y ese amor, ¿crees que es una cosa común a todos los hombres y que todos quieren que las cosas buenas les pertenezcan siempre? ¿Qué respondes?

—Eso mismo —le dije—, que es algo común a todos.

—¿Por qué entonces, Sócrates —me dijo—, no afirmamos que todos los hombres aman, si es verdad eso de que todos aman las mismas cosas siempre, sino que decimos *b* que unos aman y otros no?

—También a mí —le contesté— me extraña eso.

—Pues no te extrañe —dijo—. El motivo de ello es que hemos puesto aparte una especie de amor y la llamamos amor, dándole el nombre del todo, mientras que con las restantes empleamos nombres diferentes.

—¿Me puedes poner un ejemplo? —le pregunté.

—El siguiente. Sabes que el concepto de "creación"[60] es algo muy amplio, ya que ciertamente todo lo que es causa de que algo, sea lo que sea, pase del no ser al ser es "creación", de suerte que todas las actividades que entran en la esfera de todas las artes son creaciones y los *c* artesanos de éstas, creadores "poetas"

—Es verdad lo que dices.

—Pero, sin embargo —prosiguió Diotima—, sabes que no se les llama poetas, sino que tienen otros nombres, y que del concepto total de creación se ha separado una parte, la relativa a la música y al arte métrica, que se denomina con el nombre del todo. "Poesía", en efecto, se llama tan sólo a ésta, y a los que poseen esa porción de "creación", "poetas".

—Dices la verdad —dije.

d   —Pues bien, así ocurre también con el amor. En general todo deseo de las cosas buenas y de ser feliz es amor, ese *Amor grandísimo y engañoso para todos* [61]. Pero unos se entregan a él de muy diferentes formas, en los negocios, en la afición a la gimnasia, o en la filosofía, y no se dice que amen, ni se les llama enamorados. En cambio, los que se encaminan hacia él y se afanan según una sola especie detentan el nombre del todo, el de amor, y sólo de ellos dice que aman y que son amantes.

—Es muy probable —le dije yo— que digas la verdad.

—Y corre por ahí un dicho —continuó— que asegura que los enamorados son aquellos que andan buscando la mi-
e   tad de sí mismos, pero lo que yo digo es que el amor no es de mitad ni de todo, si no se da, amigo mío, la coincidencia de que éste sea de algún modo bueno, ya que aun sus propios pies y sus propias manos están dispuestos a amputarse los hombres, si estiman que los suyos son malos. No es, pues, según creo, lo propio de uno mismo a lo que siente apego cada cual, a no ser que se llame a lo bueno, por un lado, particular y propio de uno mismo y a lo malo, por otro, extraño. Pues no es otra cosa que el bien lo que aman los hombres. ¿Tienes acaso otra opinión?

206   —¡Por Zeus! Yo no —le respondí.

—¿Entonces —dijo ella—, se puede decir así, sin más, que los hombres aman lo bueno?

—Sí —respondí.

—¿Y qué? ¿No ha de añadirse —dijo— que aman también poseer lo bueno?

—Ha de añadirse.

—¿Y no sólo poseerlo, sino también poseerlo siempre?

—También se ha de añadir eso.

—Luego, en resumidas cuentas, el objeto del amor es la posesión constante de lo bueno.

—Es completamente cierto —respondí— lo que dices.

—Pues bien —dijo Diotima—, ya que el amor es siempre *b* esto, ¿de qué modo deben perseguirlo los que le persiguen y en qué acción, para que su solicitud y su intenso deseo se pueda llamar amor? ¿Qué acción es por ventura ésta? ¿Puedes decirlo?

—No, por supuesto —le dije—. En otro caso, Diotima, no te hubiera admirado por tu sabiduría ni hubiera venido con tanta frecuencia a verte con el fin de aprender eso mismo.

—Pues bien —replicó—, yo te lo diré. Es esta acción la procreación en la belleza tanto según el cuerpo como según el alma.

Arte adivinatoria requiere eso que dices —le contesté yo—. No lo entiendo.

—Pues bien —replicó ella—, te lo diré con mayor clari- *c* dad. Conciben todos los hombres, ¡oh, Sócrates!, no sólo según su cuerpo sino también según su alma, y una vez que se llega a cierta edad desea procrear nuestra naturaleza. Pero no puede procrear en lo feo, sino tan sólo en lo bello. La unión de varón y de mujer es procreación y es una cosa divina, pues la preñez y la generación son algo inmortal que hay en el ser viviente, que es mortal. Pero ambos actos es imposible que tengan lugar en lo que no está en armonía con ellos; y lo feo es inadecuado para todo lo divino y lo bello, en cambio, adecuado. La Belle-

d za es, pues, la Moira [62] y la Ilitiya del nacimiento de los seres. Por este motivo, cuando se acerca a un ser bello lo que está preñado se sosiega, se derrama de alegría, alumbra y procrea. En cambio, cuando se aproxima a un ser feo, su rostro se ensombrece, se contrae entristecido en sí mismo, se aparta, se repliega y no procrea, sino que retiene dolorosamente el fruto de su fecundidad. De ahí precisamente que sea grande la pasión por lo bello que se da

e en el ser que está preñado y abultado ya por su fruto, porque lo bello libera al que lo posee de los grandes dolores del parto. Pues no es el amor, Sócrates, como tú crees, amor de la belleza.

–Entonces, ¿qué es?

–Amor de la generación y del parto en la belleza.

–Sea –dije yo.

–Así es, en efecto. Mas ¿por qué es de la generación? Porque es la generación algo eterno e inmortal, al menos en la medida que esto puede darse en un mortal. Y es ne-

207 cesario, según lo convenido, que desee la inmortalidad juntamente con lo bueno, si es que verdaderamente tiene el amor por objeto la posesión perpetua de lo bueno. Necesariamente, pues, según se deduce de este razonamiento, el Amor será también amor de la inmortalidad.

Estas son en conjunto las enseñanzas que me fue dando. en las distintas ocasiones en que habló sobre cosas del amor. Pero un buen día me preguntó:

–¿Qué es en tu opinión, Sócrates, la causa de ese amor y de ese deseo? ¿No te das cuenta de cuán extraño es el estado por que pasan todos los animales una vez que les entra el deseo de engendrar?; ¿que tanto los terrestres como los volátiles enferman todos y sienten tendencias *b* amorosas, primero respecto al unirse mutuamente y luego respecto a la crianza de la prole, en defensa de la cual están dispuestos no sólo a luchar, incluso los más débiles contra los más fuertes, y a sacrificar su vida, sino también a extenuarse ellos mismos de hambre y a hacer cualquier otro sacrificio con tal de poderla alimentar? Los hombres, es cierto, cabe pensar que hacen esto por cálculo, pero en cuanto a los animales, ¿qué causa hay para que sientan tan fuerte amor? ¿Puedes decírmela? *c*

Yo de nuevo le respondí que no sabía y ella me dijo:

–¿Piensas verdaderamente llegar a ser un día entendido en cuestiones amorosas, si no tienes una idea de esto?

–Precisamente por eso, Diotima, como dije hace un momento, he venido a tu lado, porque he reconocido que necesito maestros. ¡Anda!, dime la causa de estos fenómenos y de los demás que tengan relación con el Amor.

–Pues bien –me contestó–, si tienes la convicción de que el Amor versa por naturaleza sobre aquello que hemos convenido tantas veces, no te extrañes. En este caso, por la misma razón que en el anterior, la naturaleza mor- *d* tal busca en lo posible existir siempre y ser inmortal y solamente puede conseguirlo con la procreación, porque siempre deja un ser nuevo en el lugar del viejo. Pues ni siquiera durante ese período en que se dice que vive cada uno de los vivientes y es idéntico a sí mismo, reúne siempre las mismas cualidades; así, por ejemplo, un individuo desde su niñez hasta que llega a viejo, se dice que es la misma persona, pero a pesar de que se dice que es la misma persona, ese individuo jamás reúne las mismas cosas en sí mismo, sino que constantemente se está renovando en un aspecto y destruyendo en otro, en su cabello, en su carne, en sus huesos, en su sangre y en la totalidad de su cuerpo. Y no sólo en el cuerpo, sino también en el alma, cuyos hábitos, costumbres, opiniones, deseos, placeres, penas, temores, todas y cada una de estas cosas, jamás son las mismas y en cada uno de los individuos, sino que unas nacen y las otras perecen. Pero todavía mucho más extraño que esto es el hecho de que los cono-

208 cimientos no sólo nacen unos y perecen otros en nosotros, de suerte que no somos idénticos a nosotros ni siquiera en los conocimientos, sino que también les sucede a cada uno de ellos lo mismo. En efecto, lo que se llama "repasar" tiene lugar porque el conocimiento puede abandonarnos, pues el olvido es el escape de un conocimiento, y el repaso, al crear en nosotros un nuevo recuerdo a cambio del que se ha marchado, conserva el conocimiento, de suerte que parezca que es el mismo de antes. De este modo se conserva todo lo mortal, no por ser comple-

tamente y siempre idéntico a sí mismo como lo divino, *b* sino por el hecho de que el ser que se va o ha envejecido deja otro ser nuevo, similar a como él era. Por este medio, Sócrates, lo mortal participa de inmortalidad, tanto en su cuerpo como en todo lo demás; lo inmortal, en cambio, participa de ella por otro diferente. No te admires, pues, si todo ser estima por naturaleza a lo que es retoño de sí mismo, porque es la inmortalidad la razón de que a todo ser acompañe esa solicitud y ese amor.

Después de escuchar su discurso yo quedé admirado y exclamé:

—Está bien, sapientísima Diotima, pero ¿es esto así de verdad?

Entonces ella me respondió como esos cumplidos *c* sofistas:

—Tenlo por seguro, Sócrates, ya que, si quieres echar una mirada a la ambición de los hombres, de no tener en la mente una idea de lo que he dicho, te quedarías maravillado de su insensatez, al pensar en qué terrible estado les pone el amor de hacerse famosos y de *"dejar para el futuro una fama inmortal"*[63]. Por ello están dispuestos a correr todos los peligros, más aún que por sus hijos, a gastar dinero, a soportar cualquier fatiga y a sacrificar su *d* vida. Pues ¿crees tú, agregó, que Alcestis hubiera muerto por Admeto o Aquiles por vengar a Patroclo, o vuestro Codro por salvaguardar la dignidad real de sus hijos si no hubieran creído que iba a quedar de ellos ese recuerdo inmortal de su virtud que tenemos ahora? Ni por lo más remoto. Es en inmortalizar su virtud, según creo, y en conseguir un tal renombre en lo que todos ponen todo su esfuerzo, con tanto mayor ahínco cuanto mejores son, porque lo que aman es lo imperecedero. Así, pues, los que son fecundos según el cuerpo se dirigen en especial a las mujeres y ésta es la forma en que se manifiestan sus tendencias amorosas, porque, según creen, se procuran para sí mediante la procreación de hijos inmortalidad, memoria de sí mismos y felicidad para todo tiempo futu-

209 ro. En cambio, los que lo son según el alma... pues hay hombres –añadió– que conciben en las almas, más aún que en los cuerpos, aquello que corresponde al alma concebir y dar a luz. Y ¿qué es lo que le corresponde?: la sabiduría moral y las demás virtudes, de las que precisamente son progenitores los poetas todos y cuantos artesanos se dice que son inventores. Pero con mucho, la más grande y la más bella forma de sabiduría moral es el ordenamiento de las ciudades y de las comunidades, que tiene por nombre el de moderación y justicia. Así, cuan-

b do alguien se encuentra a su vez preñado en el alma de estas virtudes desde niño, inspirado como está por la divinidad [64], al llegar a la edad conveniente desea ya parir y engendrar, y también el, según creo, se dedica a buscar en torno suyo la belleza en la que pueda engendrar, pues en lo feo jamás engendrará. Siente, por tanto, mayor apego a los cuerpos bellos que a los feos, en razón de su estado de preñez, y cuando en ellos encuentra un alma bella, noble y bien dotada, muestra entonces extraordinaria afi-

ción por el conjunto y al punto encuentra ante ese hombre abundancia de razones a propósito de la virtud y de
cómo debe ser el hombre bueno y las cosas a que debe *c*
aplicarse, e intentará educarlo. Y por tener, según creo,
contacto y trato con lo bello, alumbra y da vida a lo que
tenía concebido desde antes; a su lado o separado de él
se acuerda siempre de ese ser y con su ayuda cría en común con él el producto de su procreación, de tal manera
que es una comunidad mucho mayor que la de los hijos
la que tienen entre sí los de tal condición, y un afecto
mucho más firme, ya que tienen en común hijos más bellos y más inmortales. Es más, todo hombre preferiría te- *d*
ner hijos de tal índole a tenerlos humanos, si dirige su
mirada a Homero, a Hesíodo o a los demás buenos poetas y contempla con envidia qué descendencia han dejado de sí mismos, que les procura inmortal fama y recuerdo por ser ella también famosa e inmortal; o si quieres,
agregó, hijos tales como los que ha dejado Licurgo en
Lacedemonia, salvadores de Lacedemonia y, por decirlo
así, de la Hélade. También Solón entre vosotros es honrado por haber dado vida a las leyes y muchos otros hombres lo son en otras muchas partes, tanto entre los griegos como entre los bárbaros, por haber mostrado muchas *e*
y bellas obras y engendrado una virtud de todo género.
En honor de estos hombres son muchos ya los cultos que
se han instituido por haber tenido tales hijos; en cambio,
no se han instituido todavía en honor de nadie por
haberlos tenido humanos.

Estos son los misterios del amor, Sócrates, en los que
210 incluso tú pudieras iniciarte. Pero en aquellos que implican una iniciación perfecta, y el grado de la contemplación, a los que éstos están subordinados si se procede con
buen método, en esos no sé si sería capaz de iniciarte. Te
los diré en todo caso y pondré toda mi buena voluntad
en el empeño. Intenta seguirme si eres capaz. Es menester –comenzó–, si se quiere ir por el recto camino hacia
esta meta, comenzar desde la juventud a dirigirse hacia
los cuerpos bellos y, si conduce bien el iniciador, enamorarse primero de un solo cuerpo y engendrar en él bellos
discursos; comprender luego que la belleza que reside en
b cualquier cuerpo es hermana de la que reside en el otro y
que, si lo que se debe perseguir es la belleza de la forma,
es gran insensatez no considerar que es una sola e idéntica cosa la belleza que hay en todos los cuerpos. Adquiri-
do este concepto, es menester hacerse enamorado de todos los cuerpos bellos y sosegar ese vehemente apego a
uno solo, despreciándolo y considerándolo de poca mon-
ta. Después de eso, tener por más valiosa la belleza de las
c almas que la de los cuerpos, de tal modo que si alguien
es discreto de alma, aunque tenga poca lozanía, baste ello
para amarle, mostrarse solícito, engendrar y buscar palabras tales que puedan hacer mejores a los jóvenes, a fin
de ser obligado nuevamente a contemplar la belleza que
hay en las normas de conducta y en las leyes y a percibir
que todo ello está unido por parentesco a sí mismo, para
considerar así que la belleza del cuerpo es algo de escasa

importancia. Después de las normas de conducta, es menester que el iniciador conduzca a las ciencias para que el iniciado vea a su vez la belleza de éstas, dirija su mirada a toda esa belleza, que ya es mucha, y no sea en lo *d* sucesivo hombre vil y de mezquino espíritu por servir a la belleza que reside en un solo ser, contentándose, como un criado, con la belleza de un mancebo, de un hombre o de una norma de conducta, sino que vuelva su mirada a ese inmenso mar de la belleza y su contemplación le haga engendrar muchos, bellos y magníficos discursos y pensamientos en inagotable filosofía, hasta que, robustecido y elevado por ella, vislumbre una ciencia única, que es tal como la voy a explicar y que versa sobre una belleza que es así. Procura –agregó– prestarme toda la atención *e* que te sea posible. En efecto, el que hasta aquí ha sido educado en las cuestiones amorosas y ha contemplado en este orden y en debida forma las cosas bellas, acercándose ya al grado supremo de iniciación en el amor, adquirirá de repente la visión de algo que por naturaleza es admirablemente bello, aquello precisamente, Sócrates, por cuya causa tuvieron lugar todas las fatigas anteriores, que en primer lugar existe siempre, no nace ni mue- *211* re, no crece ni decrece, que en segundo lugar no es bello por un lado y feo por el otro, ni tampoco unas veces bello y otras no, ni bello en un respecto y feo en el otro, ni aquí bello y allí feo, de tal modo que sea para unos bello y para otros feo. Tampoco se mostrará a él la belleza, pongo por caso, como un rostro, unas manos, ni ninguna otra

cosa de las que participa el cuerpo, ni como un razonamiento, ni como un conocimiento, ni como algo que exis-
b ta en otro ser, por ejemplo, en un viviente, en la tierra, en
el cielo o en otro cualquiera, sino la propia belleza en sí
que siempre es consigo misma específicamente única [65],
en tanto que todas las cosas bellas participan de ella en
modo tal, que aunque nazcan y mueran las demás, no
aumenta ella en nada ni disminuye, ni padece nada en
absoluto. Así pues, cuando a partir de las realidades visi-
bles se eleva uno a merced del recto amor de los mancebos y se comienza a contemplar esa belleza de antes, se
está, puede decirse, a punto de alcanzar la meta. He aquí,
c pues, el recto método de abordar las cuestiones eróticas
o de ser conducido por otro: empezar por las cosas bellas
de este mundo teniendo como fin esa belleza en cuestión
y, valiéndose de ellas como de escalas, ir ascendiendo
constantemente, yendo de un solo cuerpo a dos y de dos
a todos los cuerpos bellos y de los cuerpos bellos a las
bellas normas de conducta, y de las normas de conducta
a las bellas ciencias, hasta terminar, partiendo de éstas,
en esa ciencia de antes, que no es ciencia de otra cosa
d sino de la belleza absoluta, y llegar a conocer, por último,
lo que es la belleza en sí. Ese es el momento de la vida,
¡oh querido Sócrates! –dijo la extranjera de Mantinea– en
que más que en ningún otro, adquiere valor el vivir del
hombre: cuando éste contempla la belleza en sí. Si alguna vez la vislumbras, no te parecerá que es comparable
ni con el oro, ni con los vestidos, ni con los niños y jóve-

nes bellos, a cuya vista ahora te turbas y estás dispuesto
–y no sólo tú sino también otros muchos–, con tal de ver
a los amados estar constantemente con ellos, a no comer
ni beber, si ello fuera posible, sino tan sólo a contemplar-
los y a estar en su compañía. ¿Qué es, pues, lo que cree- *e*
mos que ocurriría –agregó– si le fuera dado a alguno el
ver la belleza en sí, en su pureza, limpia, sin mezcla, sin
estar contaminada por las carnes humanas, los colores y
las demás vanidades mortales y si pudiera contemplar
esa divina belleza en sí, que es única específicamente?
¿Crees acaso que es vil la vida de un hombre que ponga *212*
su mirada en ese objeto, lo contemple con el órgano que
debe y esté en unión con él? ¿Es que no te das cuenta de
que es únicamente en ese momento, cuando ve la belleza
con el órgano con que ésta es visible, cuando le será posible engendrar, no apariencias de virtud, ya que no está
en contacto con una apariencia, sino virtudes verdaderas, puesto que está en contacto con la verdad; y de que
al que ha procreado y alimenta una virtud verdadera le
es posible hacerse amigo de los dioses y también inmortal, si es que esto le fue posible a algún otro hombre?

Estas son, Fedro y demás amigos, las palabras que dijo *b*
Diotima; por ellas yo he quedado convencido y, convencido como estoy, intento también persuadir a los demás
de que, para la adquisición de ese bien, difícilmente se
puede tomar un colaborador mejor de la naturaleza humana que el Amor. Por eso no sólo sostengo yo que todo
hombre debe venerar al Amor, sino que también venero

lo que tiene relación con él y lo practico de modo prefe-
rente, incito a los demás a hacer lo mismo y ahora y siempre hago la alabanza del poder y de la valentía del Amor,
en la medida de mi capacidad. Así que, si te parece bien,

c Fedro, ten este discurso por un encomio al Amor; y si no
llámalo lo que te plazca y como te plazca.

Cuando terminó de hablar Sócrates –prosiguió contándome Aristodemo–, mientras los demás le alababan,
Aristófanes intentaba decir algo, porque Sócrates al hablar había hecho una alusión a su discurso... Pero súbitamente unos golpes en la puerta del patio, como de gentes
que van de juerga, levantaron un gran estrépito, y se oyó

d la voz de una flautista. Agatón entonces ordenó:

–Esclavos, id a ver qué pasa y en caso de que sea uno
de los amigos, invitadle a entrar. En caso contrario, decid
que no estamos bebiendo, sino que estamos ya acostados.

No mucho después escucharon en el patio la voz de
Alcibíades, que estaba muy borracho y daba grandes
voces preguntando donde estaba Agatón y pidiendo que
le llevaran a su lado. Lleváronle entonces a la reunión,
juntamente con la flautista que le sostenía y algunos otros
de sus acompañantes, y, una vez en la puerta, se detuvo,

e coronado con una espesa corona de hiedra y de violetas
y con un gran número de cintas sobre la cabeza, y dijo:

–Salud, amigos. ¿Aceptáis como comensal a un hombre que está completamente borracho, o nos tendremos
que ir sin haber hecho otra cosa que coronar a Agatón,
que es a lo que hemos venido? Ayer, es cierto, no pude

venir, pero ahora he llegado con estas cintas en la cabeza
para quitarlas de la mía y coronar la cabeza del hombre
más sabio y más bello, si es que debo expresarme así. ¿Os
reís de mí porque creéis que estoy borracho? Yo, aunque
vosotros os riáis, bien sé que digo la verdad. ¡Ea!, decidme
desde este momento: ¿entro con esta condición o no?, 213
¿vais a beber conmigo o no?

Todos entonces le dieron una ovación y le invitaron a
entrar y a acomodarse y Agatón le llamó a su lado. Él
entonces avanzó conducido por sus acompañantes y qui-
tándose al mismo tiempo las cintas para coronar a Agatón,
como las tenía delante de los ojos no vio a Sócrates, sino
que se sentó al lado de Agatón, entre éste y Sócrates, pues
Sócrates en el momento en que lo vio se había echado a   b
un lado para hacerle sitio. Una vez que se hubo acomodado abrazó a Agatón y le coronó.

—Descalzad, esclavos, a Alcibíades —ordenó entonces
Agatón—, para que comparta con nosotros dos el lecho.

—Muy bien —replicó Alcibíades, pero ¿quién es ese tercer comensal que está con nosotros?— Y, volviéndose al
mismo tiempo, vio a Sócrates, y al verle le dio un sobre-
salto y exclamó—: ¡Heracles!, ¿qué es esto? ¿Estás ahí,
Sócrates? ¡Otra vez más me esperas al acecho, sentado
aquí, y mostrándote de sopetón, como acostumbras,   c
donde yo menos me imaginaba que estuvieras! ¿A qué
has venido ahora? Además, ¿por qué estás sentado aquí?
Pues no estás al lado de Aristófanes, ni de ningún otro
que sea gracioso, o que pretenda serlo, sino que te ama-

ñaste para sentarte al lado del más bello de los que hay dentro de la casa.

—Agatón —dijo entonces Sócrates—, mira a ver si me defiendes, que para mí se ha convertido el amor de este hombre en no pequeña molestia. Desde el momento en que me enamoré de él, ya no me es posible ni lanzar una mi-

d rada ni conversar con ningún hombre bello, so pena de que éste, sintiendo celos y envidia de mí, cometa asombrosos disparates, me injurie y a duras penas se abstenga de venir a las manos. Mira, pues, no vaya a hacer algo también ahora. ¡Ea!, reconcílianos y si intenta cometer alguna violencia, defiéndeme, porque su manía y su afecto al amante me causan gran horror.

—No hay —gritó Alcibíades— reconciliación posible entre tú y yo. Pero por estos agravios ya te castigaré más

e adelante. Ahora, Agatón, dame parte de esas cintas para que corone también ésta su admirable cabeza y no me pueda reprochar que a ti te he coronado y en cambio a él, que vence en los discursos a todos los hombres, y no sólo anteayer como tú, sino siempre, no le coroné después —al propio tiempo tomó parte de las cintas, coronó a Sócrates y se sentó.

Una vez que hubo tomado asiento, dijo:

—Vaya, señores, me parece en verdad que estáis serenos. Mas no se os debe consentir esto. Hay que beber, pues así lo hemos convenido. Me elijo por tanto a mí mismo árbitro de la bebida, hasta que vosotros hayáis bebido lo suficiente. Que me traigan, Agatón, si es que la hay,

una gran copa. O mejor dicho, no hace falta. Trae, escla- 214
vo –dijo–, esa vasija de refrescar el vino –había visto que
tenía una capacidad de más de ocho cótilas [66]–. Una vez
llena, la vació él primero y después ordenó al siervo que
se la llenara a Sócrates, mientras decía: Ante Sócrates, señores, esta treta no vale de nada, pues la cantidad que se
le indique la beberá sin que por ello se muestre jamás
borracho.

Mientras Sócrates bebía lo que le había escanciado el
esclavo, Erixímaco exclamó:

–¿Qué hacemos, Alcibíades? ¿No hablamos ni canta- b
mos ante la copa? ¿Beberemos simplemente como los que
tienen sed?

Alcibíades, entonces, le dijo:

–¡Oh Erixímaco hombre egregio e hijo de un egregio y
moderadísimo padre!, ten salud.

–Y tú también –replicó Erixímaco–, pero ¿qué vamos
a hacer?

–Lo que tú ordenes, pues se te debe obediencia:
Porque un hombre que es médico vale por otros muchos [67].
Receta, por tanto, lo que quieras.

–Escucha, pues –dijo Erixímaco–. Nosotros, antes de
que tú entraras, decidimos que cada uno debía hablar por
turno, de izquierda a derecha, sobre el Amor, de la forma c
más bella que pudiera y hacer su encomio. Nosotros, todos los que aquí estamos, hemos hablado ya. Tú, en cambio, ya que no has hablado y estás bebido, es justo que
hables y que después de hablar impongas a Sócrates el

tema que quieras, que éste a su vez lo haga con el que está a su derecha y que así hagan también los demás.

—Dices bien, Erixímaco —repuso Alcibíades, pero poner en parangón el discurso de un hombre ebrio con los discursos de hombres serenos es de temer que no resulte equitativo. Al mismo tiempo, ¡oh bienaventurado!, ¿te

d convence Sócrates en algo de lo que ha dicho hace un momento? ¿No sabes que es lo contrario completamente de lo que decía? Pues, de seguro, en el caso de que alabe en su presencia a otro, dios u hombre, que no sea él, no tendrá apartadas de mí sus manos.

—¿No dejarás de decir inconveniencias? —exclamó Sócrates.

—¡Por Posidón! —dijo Alcibíades—, no digas nada contra esto, que yo a ningún otro alabaré estando tú presente.

—Pues hazlo así —intervino Erixímaco—, si te parece bien. Haz la alabanza de Sócrates.

e —¿Qué dices? —replicó Alcibíades. ¿Te parece, Erixímaco, que debo? ¿La emprendo con este hombre y me vengo de él en vuestra presencia?

—¡Eh, tú! —atajó Sócrates—; ¿qué te propones?; ¿ponerme en ridículo con tu alabanza?, o ¿qué vas a hacer?

—Voy a decir la verdad. Mira si me dejas.

—Está bien —replicó—; si es la verdad, te dejo y te invito a decirla.

—Lo haré al momento —contestó Alcibíades— Y debes hacer lo que te voy a decir. Si digo algo que no es verdad,

215 interrúmpeme, si quieres, y di que miento en ello, pues

yo voluntariamente no falsearé nada. Con todo, si hablo tal como me vienen las cosas al recuerdo, unas de aquí, otras de allá, no te extrañes, porque no es cosa fácil, en el estado en que me encuentro, enumerar con facilidad y por su orden los rasgos de tu desconcertante naturaleza.

—El elogio de Sócrates, señores, lo intentaré hacer en esta forma: mediante símiles. Él tal vez creerá que servirán para ponerle en ridículo, pero el símil tiene por fin la verdad, no provocar la risa. Afirmo, en efecto, que es sumamente parecido a esos silenos [68] que hay en los talleres *b* de los escultores, que modelan los artífices con siringas o flautas en la mano y que al abrirlos en dos se ve que tienen en su interior estatuillas de dioses. Y afirmó, además, que se parece al sátiro Marsias. Al menos, eso de que eres en tu aspecto semejante a éstos, ni tú mismo podrías discutirlo, pero que también en lo demás te pareces a ellos, escúchalo a continuación. Eres un insolente. ¿No es verdad? Si no lo confiesas aduciré testigos. Y ¿no eres también flautista? Sí, y mucho más maravilloso que Marsias, porque éste se servía de instrumentos para fascinar a los hombres con el hechizo que emanaba de su *c* boca, y todavía hoy fascina el que entone con la flauta sus aires —pues los que entonaba Olimpo sostengo que son de Marsias, que se los había enseñado—. Las melodías de éste, como dije, bien las interprete un buen flautista o una mediocre tocadora de flauta, son las únicas que le hacen a uno quedar arrebatado y que ponen de manifiesto a los hombres que sienten necesidad de los

dioses y de iniciaciones, por ser dichas melodías de carácter divino. Tú difieres de él tan sólo en que sin instrumentos, con tus simples palabras, consigues el mismo
d efecto. Al menos, nosotros, cuando escuchamos a otro,
por muy buen orador que sea, pronunciar otros discursos, ninguno sentimos, por decirlo así, preocupación alguna. En cambio, cuando se te escucha a ti o a otros contar tus palabras, por muy mediocre que sea el que las
relate, tanto si es mujer como varón o muchacho quien
las escuche, quedamos transportados de estupor y arre-
batados por ellas. Yo al menos, señores, si no fuera a cau-
sar la impresión de estar completamente borracho, os diría bajo juramento qué sensaciones he experimentado
personalmente por efecto de sus palabras y sigo experi-
e mentando ahora todavía. Cuando le escucho, mi corazón
da muchos más brincos que el de los Coribantes [69] en su
danza frenética, y se derraman mis lágrimas por efecto
de sus palabras y veo que a muchísimos otros les sucede
lo mismo. En cambio, cuando escuchaba a Pericles y a
otros buenos oradores, estimaba que hablaban bien, pero
jamás me pasó nada semejante, ni se turbaba mi alma, ni
se irritaba ante la idea de que me encontraba en situación
de esclavitud; pero por efecto de este Marsias, que veis
216 así, han sido ya muchas las veces que he atravesado por
una crisis tal, que estimaba que me era insoportable vivir, llevando la vida que llevo. Y esto, Sócrates, no dirás
que no es verdad. Es más, ahora incluso, sé en mi fuero
interno que, si quisiera prestarle oído, no podría conte-

nerme, sino que me ocurriría lo mismo, pues me obliga a confesar que yo, a pesar de que es mucho lo que me falta, me descuido todavía de mí mismo y me entremeto en la política de los atenienses. A la fuerza, pues, como si me apartara de las sirenas, contengo mis oídos y me escapo huyendo, para que no me sorprenda la vejez allí, sentado a su lado. Y tan sólo ante este hombre he experimentado *b* algo que no se creería que puede haber en mí: el sentir vergüenza ante alguien. El caso es que yo la siento únicamente en su presencia, pues estoy consciente de que no puedo negarle que no se debe hacer lo que él ordena.., pero que, una vez que me voy de su lado, sucumbo a los honores que me tributa la muchedumbre. Huyo, pues, de él, como un esclavo fugitivo, y lo soslayo, y siempre que lo veo siento vergüenza de las cosas que le reconocí. Muchas veces me gustaría no verle entre los hombres, *c* pero si esto ocurriera, bien sé que mi pesar sería mucho mayor, de suerte que no sé qué hacer con este hombre.

Tales sensaciones, por efecto de las tonadas de flauta de este sátiro, hemos experimentado yo y otros muchos; pero escuchadme cuán semejante es a los seres con los que lo he comparado y qué maravilloso poder tiene, pues tened bien sabido que ninguno de vosotros lo conoce. Mas yo os lo revelaré, ya que he empezado. Veis, en efecto, *d* que Sócrates siente una amorosa inclinación hacia los bellos mancebos, y que siempre está a su alrededor y le dejan pasmado, y que además ignora todo y no sabe nada. Su apariencia, al menos, ¿no es la de un sileno? Sí, y mucho. Esta es la cubierta con la que está envuelto por fuera, como un sileno esculpido, pero el interior, cuando se abre, ¿de cuánta templanza creéis, señores comensales, que está lleno? Sabed que el que uno sea bello no le importa nada, y que lo desprecia hasta extremos que nadie

e puede suponer, ni tampoco el que uno sea rico, ni tenga ningún otro privilegio de los que ensalza la multitud. Estima, al contrario, que todos esos bienes no valen nada y que tampoco nosotros –os lo aseguro– somos nada, y pasa toda su vida ironizando y jugando con los hombres. Pero, cuando habla en serio y se abre su envoltura, no sé si hay alguien que haya visto entonces las estatuillas de dentro. Yo las he visto ya en una ocasión y me parecieron tan divinas, tan de oro, tan sumamente bellas y admira-

217 bles, que no me quedaba otro remedio que hacer al punto lo que me ordenase Sócrates. Creía yo que se interesaba de veras por mi lozanía juvenil y consideré que era esto para mí un hallazgo feliz y una maravillosa oportunidad, en la idea de que tenía asegurado, si complacía a Sócrates, el oírle contar todo lo que él sabía; porque yo estaba pagado de mi belleza en flor hasta extremos asombrosos. Con esta idea, pues, a pesar de que hasta entonces no tenía costumbre de reunirme con él solo y sin acompañante, despedí un día a éste y me quedé con él a solas.

b Estoy en la obligación, ante vosotros, de decir toda la verdad. Prestad atención, y si miento, Sócrates, desmiénteme. Estaba con él, ¡oh, amigos!, a solas y pensaba que al punto iba a sostener conmigo la conversación que sos-

tendría en la soledad un amante con el amado y rebosaba
de gozo. Pero no sucedió en absoluto nada de esto, sino
que tras haber charlado sobre lo que corrientemente hubiera hablado y haber pasado el día conmigo, se fue de
mi lado. Después de esto, le invité a que hiciera ejercicio *c*
conmigo, y hacía ejercicio con él en la esperanza de que
iba a conseguir algo. Hacía, es verdad, ejercicio conmigo
y luchó conmigo mil veces sin que estuviera nadie presente. Pero ¿qué debo decir? No conseguía nada. Y ya
que por este camino no realizaba mi empeño, creí que
debía atacar a mi hombre en firme y no cejar, puesto que
había intentado la empresa, hasta saber cuál era el motivo de su indiferencia: Le invité, por tanto, a cenar conmigo, enteramente igual que un enamorado que pone una *d*
trampa al amado. Tampoco accedió a esto en seguida pero
no obstante, con el tiempo me hizo caso. Cuando vino
por primera vez, al punto que hubo cenado, quiso marcharse. En esta ocasión es verdad que lo dejé ir por vergüenza, pero de nuevo repetí la asechanza, y una vez que
habíamos terminado de cenar le di conversación hasta
muy entrada la noche, y cuando quiso marcharse, pre-
textando yo que era tarde, le obligué a quedarse. Quedóse,
pues, descansando en el lecho contiguo al mío, en el que
había cenado, y no dormía en la habitación ninguna otra
persona aparte de nosotros. Hasta este punto mi narra- *e*
ción estaría bien, incluso para contarse ante cualquiera,
pero lo que viene a continuación no me lo oiríais decir si
no fuera, primero, porque según el dicho, el vino, con

niños y sin niños [70], es veraz, y segundo, porque me parece una injusticia dejar en la oscuridad una acción preclara de Sócrates, cuando se ha puesto uno a hacer su alabanza. Además, también me domina a mí eso que ocurre al que ha sido picado por una víbora. Dicen, en efecto, que el que ha pasado por esto alguna vez no quiere contar

218 cómo fue su sufrimiento a nadie, salvo a los que han sido picados también, en la idea de que son los únicos que le van a comprender y a mostrarle indulgencia si no tuvo vergüenza de cometer o decir cualquier disparate por efecto del dolor. Pues bien, yo he sido picado por algo que causa todavía más dolor, y ello en la parte más sensible al dolor de aquellas en las que uno puede ser picado: el corazón o el alma, o como se deba llamar eso. Ahí he recibido la herida y el mordisco de los discursos filosóficos, que son más crueles que una víbora, cuando se apoderan de un alma joven no exenta de dotes naturales, y la obligan a hacer o a decir cualquier cosa. Además, estoy

b viendo a esos Fedros, a esos Agatones, Erixímacos, Pausanias, Aristodemos y Aristófanes, por no mencionar al propio Sócrates y al resto de vosotros, pues todos participáis de la manía del filósofo y de su delirio báquico. Por eso todos me vais a oír, ya que excusaréis no sólo mis actos de entonces, sino también mis palabras de ahora. Y vosotros, los criados y todo aquel que sea profano y rústico, cerrad con muy grandes puertas vuestros oídos [71].

Así, pues, amigos, una vez que se hubo apagado la

c lámpara y los esclavos estuvieron fuera, creí que no debía andarme con rodeos ante él, sino decirle noblemente lo que me había propuesto.

Le dije entonces, sacudiéndole:

–Sócrates, ¿duermes?

–No, por cierto –me contestó.

–¿Sabes lo que he resuelto?

–¿Qué es exactamente? –dijo.

–Tú, me parece –continué yo–, eres el único digno de convertirte en mi amante, y veo que no te atreves a declararte a mí. En cuanto a mi respecta, mis sentimientos son así. Considero que es una gran insensatez no complacerte a ti en esto y en cualquier otra cosa que necesitaras de mi hacienda o de mis amigos, pues para mí no hay nada *d* más importante que el hacerme lo mejor posible, y opino que ninguno me puede ayudar en esto con más autoridad que tú. Yo, por tanto, sentiría ante los prudentes mayor vergüenza de no otorgarle mi favor a un hombre de tal índole, que de otorgárselo ante el vulgo y los insensatos.

Después de oírme, Sócrates, con suma ironía y muy en consonancia con su modo acostumbrado de proceder, me dijo:

–¡Ah!, querido Alcibíades, tal vez no seas realmente un hombre frívolo, si resulta verdad eso que dices de mí *e* y existe en mí una virtud por la cual tú pudieras hacerte mejor. En ese caso, verías en mí una belleza indescriptible y muy superior a tu bella figura. Por consiguiente, si la ves en mí y pretendes participarla conmigo y cambiar belleza por belleza, no es poca la ganancia que piensas sacar de mí: lo que intentas es adquirir algo que es bello de verdad a trueque de lo que es bello en apariencia, y lo 219 que pretendes es en realidad cambiar *oro por bronce*[72]. Sin embargo, ¡oh bienaventurado!, mira mejor, no se te vaya a escapar que yo no valgo nada, pues la vista de la inteligencia comienza a ver agudamente cuando comienza a cesar en su vigor la de los ojos, y tú todavía te encuentras lejos de esto.

—Mis sentimientos son ésos —le dije yo después de oírle—, y ninguno de ellos ha sido expresado de otro modo que tal y como los pienso. Tú, por tu parte, toma la determinación que juzgues mejor para ti y para mí.

b   —En esto último —replicó— tienes razón. En adelante, pues, tomaremos juntos una decisión y haremos sobre esto y sobre lo demás lo que nos parezca a los dos lo mejor.

—Entonces, al escuchar esto, después de las palabras que yo había dicho y lanzado como dardos, creí que estaba herido. Me levanté, sin darle ya lugar a que dijera nada, le cubrí con mi manto —pues era invierno—, y arrebujándome debajo del raído capote de ése que veis ahí, ceñí con mis brazos a ese hombre verdaderamente divino y d   admirable y pasé acostado a su lado la noche entera. Y tampoco en esto, Sócrates, dirás que miento. Pues bien, pese a esto que hice, hasta tal extremo se sobrepuso a mí, me menospreció, se burló de mi belleza y me injurió —y eso que yo creía de ella que valía algo, ¡oh jueces!, pues jueces sois de la soberbia de Sócrates—, que..., sabedlo bien, por los dioses y por las diosas, ¡me levanté tras haber dormido con Sócrates, ni más ni menos que si me hubie- *d* ra acostado con mi padre o con mi hermano mayor!

Después de esto, ¿qué estado de ánimo creéis que tendría yo, considerando, por un lado, que había sido despreciado y admirando, por otro, la naturaleza de éste, su templanza y su virilidad; si había encontrado un hombre tal, en prudencia y en dominio de sí mismo, como yo no hubiera creído que jamás encontraría? De suerte que no me era posible ni irritarme y privarme de su compañía, ni tampoco sabía cómo podría atraerlo hacia mí. Sabía *d* bien que en cuanto al dinero era aquél más invulnerable en todas las partes de su ser que lo fuese Áyax al hierro, y en lo único que yo creía que se dejaría coger se me había escapado. Estaba, pues, en un aprieto: había sido subyugado por ese hombre como ninguno lo fue por nadie y mi vida giraba a su alrededor.

Me había ocurrido ya todo eso cuando hicimos en común la expedición a Potidea[73], y allí éramos compañeros de mesa. En primer lugar, ni que decir tiene que en las fatigas no sólo se mostraba más resistente que yo, sino también que los demás en su totalidad. Siempre que, por 220 quedarnos aislados en alguna parte, como suele suceder en campaña, nos veíamos obligados a no comer, a su lado los demás no eran nadie en cuanto a resistencia se refiere. Por el contrario, en las comilonas era único por su capacidad de disfrutar, entre otras razones, porque, a pesar de que no lo hacía de buen grado, cuando era obligado a ello, vencía en el beber a todos; y lo que es más maravilloso de todo: jamás ha visto ningún hombre a Sócrates borracho. La prueba de esta afirmación me parece que la tendréis dentro de un momento. Además, respecto a resistencia frente a los rigores del invierno –pues allí son terribles los inviernos–, hacía maravillas siempre, pero

b especialmente una vez que había caído la helada más tremenda que pueda darse. Todos, o no salían del interior de sus tiendas o, si salían, iban abrigados con una cantidad asombrosa de cosas y con los pies bien calzados, y envueltos en tiras de fieltro y de piel de cordero. Este, en cambio, en tales circunstancias, salía con un manto como el que antes acostumbraba a llevar y andaba descalzo por el hielo con mayor facilidad que los demás con el calzado, y los soldados le miraban con malos ojos en la idea

c de que mostraba así desprecio hacia ellos.

Tal ocurría en este aspecto. *Mas qué acción además realizó y soportó el esforzado varón* [74], allí, una vez, en el ejército, vale la pena de oírse. Habiendo concebido algo en su mente, se había quedado plantado en el mismo sitio desde el amanecer reflexionando, y como no daba en la solución no cejaba en su empeño, sino que seguía inmóvil buscándola. Era ya mediodía y los hombres se habían dado cuenta, y admirados se decían los unos a los otros:

–Sócrates, desde el alba está inmóvil pensando en algo.

d Por último, algunos de los jonios, cuando llegó la tarde y hubieron comido, sacaron al exterior sus jergones –era entonces verano– y al tiempo que descanban al fres-

co, le observaban a ver si permanecía también de pie sin
moverse durante la noche: Y de pie, sin moverse, estuvo
hasta que vino el alba y se levantó el sol. Entonces se reti-
ró tras haber elevado una plegaria al sol. Y si os parece
bien, veámosle en las batallas, pues justo es ahora devol-
verle este homenaje, ya que cuando se dio la batalla [75],
por la que me concedieron los generales el premio al valor, nadie me salvó la vida sino este hombre, que no qui- *e*
so abandonarme herido y salvó a la vez mis armas y mi
persona. Es verdad que yo, Sócrates, también entonces
exhorté a los generales a darte a ti la condecoración, y en
esto al menos no me recriminarás ni dirás que miento,
pero el caso fue que, atendiendo los generales a mi pres-
tigio y queriendo concederme a mí la distinción, mos-
traste tú mayor empeño que los generales en que yo la
recibiera que en recibirla tú. Todavía en otra ocasión fue
Sócrates espectáculo digno de contemplarse, cuando se *221*
retiraba de Delión [76] en franca huida el ejército. Me encontraba yo allí presente con un caballo, y éste, en cambio, con la armadura de hoplita. Se retiraba juntamente
con Laques, cuando ya se habían dispersado nuestros
hombres. En estas circunstancias me encontré por casualidad con él y, nada más verlo, les animé a los dos a tener
confianza y les dije que no los abandonaría. Allí precisamente contemplé a Sócrates mejor que en Potidea, pues
yo corría menos peligro por estar a caballo. En primer
lugar, ¡cuánto sobrepasaba a Laques en serenidad! En se- *b*
gundo lugar, me parecía, Aristófanes, precisamente eso

que tú dices, que caminaba también allí como aquí *"pa-voneándose y lanzando la mirada a los lados"* [77], observando con calma a su alrededor a amigos y enemigos y mostrando a las claras a todo el mundo, incluso desde muy lejos, que si alguien ponía su mano en ese varón se defendería muy esforzadamente. Por esta razón se retiraban con seguridad no sólo el sino también su compañero, pues se puede decir que a los que muestran tal resolución en la guerra no se les toca, sino que es a los que huyen desordenadamente a quienes se persigue.

Muchas son sin duda las otras y admirables cosas que se podrían alabar en Sócrates, pero si entre sus demás acciones tal vez las haya similares a las que se podrían contar de otra persona, en cambio, el no ser semejante a ninguno de los hombres, ni de los antiguos, ni de los que ahora viven, es digno de toda admiración. En efecto, con lo que fue un Aquiles se puede comparar a Brásidas [78] y a otros; y a su vez con lo que fue un Pericles, a Néstor y a Antenor; y de igual forma –pues hay también otros semejantes– se puede encontrar un parangón para los demás. En cambio, de un hombre como es éste, tan extraño en su persona y en sus discursos, no se puede encontrar a mano, por más que se busque, parangón alguno, ni entre los hombres de ahora ni entre los antiguos, a no ser que se le compare, tanto en su persona como en sus palabras, no con ninguno de los hombres, sino con los seres que digo: los silenos y los sátiros.

Y he aquí algo, por cierto, que he pasado por alto al

principio; el que también sus discursos son parecidísimos
a los silenos que se abren. Si se quiere, en efecto, escuchar   *e*
los discursos de Sócrates, se sacará al pronto la impresión de que son sumamente ridículos; ¡tales son los nombres y las expresiones con que exteriormente están envueltos, como por una piel de sátiro insolente! Habla de
burros de carga, de herreros, de zapateros y de curtido-
res, y siempre parece decir mediante las mismas expresiones las mismas cosas, de tal manera que todo hombre
ignorante e insensato se reiría de sus discursos. Pero si se   222
los ve cuando están abiertos y se penetra en su interior,
se descubrirá primeramente que son los únicos discursos
que tienen sentido, y después que son enteramente divi-
nos y contienen en sí mismos un número grandísimo de
imágenes de virtud y que se extienden al mayor número
de cosas, o mejor dicho, a todo aquello que le atañe exa-
minar al que tenga la intención de hacerse honrado y
bueno.

Estas son las cosas, amigos, que yo alabo en Sócrates;
mezclando además con ellas las que le censuro, os he contado los agravios que me hizo. Sin embargo, no soy yo el   *b*
único con quien se ha portado así, sino que hizo también
lo mismo con Cármides [79], Glaucón, Eutidemo, hijo de
Diocles, y con muchísimos otros, a quienes engañando
éste como si fuera su amante, en vez de amante resultó
más bien amado. Por eso te doy también a ti este aviso,
Agatón: no te dejes engañar por este hombre, saca la
moraleja de nuestros padecimientos y ponte en guardia

y no escarmientes, como el tonto del refrán, con los tuyos propios [80].

c   Al terminar de decir esto Alcibíades, hubo una explosión de risas por su desenfado, ya que daba la impresión de que todavía estaba enamorado de Sócrates.

–Me parece, Alcibíades –dijo Sócrates–, que estás sereno, pues de no estarlo no hubieras intentado jamás, rodeándote con tan ingeniosos circunloquios, ocultar el motivo por el cual has dicho todo esto; a título accesorio lo colocaste al final de tu discurso, como si no fuera la razón de todo lo que has dicho el enemistarnos a

d Agatón y a mí, en esa idea que tienes de que yo debo amarte a ti y a ningún otro, y Agatón ser amado por ti y por nadie más. Pero no me pasaste inadvertido, sino que ese drama tuyo satírico y "silénico" ha quedado al descubierto. ¡Ea, querido Agatón!, que no triunfe en su intento y toma tus precauciones para que nadie nos enemiste a los dos.

Agatón entonces respondió:

–Por cierto, Sócrates, que estás en un tris de decir la verdad. Y conjeturo también que se acomodó en medio

e de los dos para separarnos. Pues bien, no le valdrá la pena, pues yo iré a sentarme a tu lado.

–Muy bien –replicó Sócrates, siéntate aquí, a continuación mía.

–¡Oh Zeus! –exclamó Alcibíades–, ¡qué cosas me hace sufrir este hombre! Se ha hecho a la idea de que tiene que quedar por encima de mí en todo. ¡Ea, hombre admirable!, deja, aunque no sea más que eso, que Agatón se coloque en medio de nosotros.

—Imposible —replicó Sócrates—. Tú acabas de hacer mi elogio y yo a mi vez debo hacer el del que está a mi derecha. Si se acomoda Agatón a continuación tuya, ¿no me elogiará, por supuesto, de nuevo, en vez de ser elogiado por mí? Vamos, déjalo, divino Alcibíades, y no le niegues *223* por celos al muchacho el ser alabado por mí. Y por cierto que ardo en deseos de encomiarlo.

—¡Ay, Alcibíades! —exclamó Agatón—, me es de todo punto imposible permanecer aquí. Por encima de todo me cambiaré de sitio para ser alabado por Sócrates.

—Ya tenemos lo de siempre —dijo Alcibíades—. Cuando está presente Sócrates le es imposible a ningún otro sacar partido de los bellos mancebos. Y ahora ¡con qué facilidad ha encontrado palabras, convincentes incluso, para que éste se sentara a su lado!

Agatón, entonces, se levantó con intención de sentarse al lado de Sócrates. Mas de repente llegó a la puerta de *b* la casa un inmenso tropel de juerguistas y, como la encontraron abierta por estar saliendo alguien, fueron derechamente a reunirse con ellos y se acomodaron en los lechos. El tumulto llenó toda la casa, y a partir de este momento y sin orden alguno se vieron obligados a beber una enorme cantidad de vino. Eriximaco, entonces, Fedro y algunos otros —según me contó Aristodemo— se retiraron. Él por su parte fue dominado por el sueño y durmió *c* largo rato, ya que las noches eran largas, y se despertó al despuntar el día, cuando ya los gallos cantaban. Al despertarse vio que los demás estaban durmiendo o se habían ido, y que tan sólo Agatón, Aristófanes y Sócrates estaban todavía despiertos y bebían de una gran copa que se pasaban de izquierda a derecha. Sócrates, por descontado, conversaba con ellos. Del resto de su conversación, *d* Aristodemo dijo que no se acordaba, pues no había atendido a ella desde el principio y estaba somnoliento, pero lo capital fue que Sócrates les obligó a reconocer que era propio del mismo hombre saber componer tragedia y comedia, y que el que con arte es poeta trágico también lo es cómico. Mientras eran obligados a admitir esto, sin seguirle demasiado bien, daban cabezadas de sueño hasta que se durmieron, primero Aristófanes y luego Agatón, cuando ya era de día. Sócrates, entonces, después que los hubo dormido, se levantó y se fue. Aristodemo me dijo que, como acostumbraba, siguió a Sócrates, el cual, una vez que llegó al Liceo [81], se lavó y pasó el resto del día como en otra ocasión cualquiera; y después de emplear así su jornada, al caer la tarde se fue a dormir a su casa.

Notas

1 Personaje mencionado también en *Fed*. 117 d, donde rompe a llorar amargamente una vez que el maestro ha bebido la cicuta, en *Apol*. 34 a 38-b y en Jen., *Mem*. III, 11, 17, y llamado "el maniático" por su extremada devoción a Sócrates.

2 Puerto de Atenas al S. del Pireo, a unos 20 estadios de la ciudad (unos 4 km.).

3 Poeta trágico, nacido en 448 a. de J. C. Alcanzó su primera victoria en 416 a. de J. C., fecha en que tiene lugar el *Banquete*.

4 Personaje desconocido.

5 Se llamaban así el padre de Cármides y un hermano de Platón, y es difícil precisar de cual de los dos se trata aquí.

6 Aristodemo de Cidateneon, personaje del que se hace mención en Jen., *Mem*. I, 4. Cidateneon era un demo de la tribu Pandiónide, a la que pertenecía también Aristófanes.

7 Me separo aquí del texto de Burnet, que lee μαλακός (*malakós*) "blando" en vez de μανικός (*manikós*) "maniático".

8 Juego de palabras intraducible: existía un refrán transmitido con algunas variantes por fuentes diversas, que decía: αὐτό-ματοι δ' ἀγαθοὶ ἀγαθῶν ἐπὶ δαῖτας ἴασι, "espontáneamente los buenos van a las comidas de los buenos". El juego de palabras estriba en la substitución del genitivo de plural Ἀγαθῶν (*Agathôn*) 'de los buenos' por la forma, homófona Ἀγαθῶν' con elisión, 'con Agatón', dativo del singular del nombre del cómico.

9 *Ilíada* X, 224 y sigs.

10 Como es sabido, griegos y romanos comían recostados en lechos: κλῖναι (*klînai*), *triclinia*.

11 Un banquete ateniense constaba de dos partes: el *deipnon* o *syndeipnon* (la comida) y el *pótos* y *sympótos* (la bebida en común), que venía a continuación. Durante esta segunda parte, los comensales, o mejor dicho, "cobebedores", animados por el vino, pronunciaban discursos, cantaban canciones de mesa o se divertían simplemente de acuerdo con el programa que fijaba el *symposiarchós* (el presidente del banquete), que fijaba asimis-

mo la cantidad de vino a beber y la proporción en que debía hacerse la mezcla con agua. Antes de pasar al *sympótos*, se retiraban las mesas, se limpiaba la sala, hacíase una libación de vino puro en honor de "la buena divinidad", Dionisio o Zeus, y se entonaba un peán en honor de Apolo. Si bien estos *sympósia* degeneraban por lo común en orgía, eran en ocasiones, como la presente, motivo para que se desplegase el más refinado ingenio y se tratasen los temas más elevados, como nos lo muestra la literatura simposíaca, que, arrancando de Platón y Jenofonte, es cultivada aún por Plutarco y Ateneo, e incluso en el siglo IV por el obispo Metodio de Olimpo, que escribió también un "*Sympósion*, o tratado de las diez vírgenes o de la castidad", siguiendo el modelo de la inmortal obra de Platón.

12 Personaje que también aparece en el *Banquete* de Jenofonte, como un entusiasta propugnador de la pederastia.

13 El célebre comediógrafo, antisocrático declarado, que se nos presenta aquí jovial y campechano, como en sus comedias, en viva antítesis con el tono doctoral y la célebre "templanza" de Erixímaco.

14 Médico, como Acúmeno, su padre.

15 Es decir, una suerte inesperada.

16 Hijo de Pitocles, aparece también en el dialogo que lleva su nombre y en el *Protágoras*. Pertenecía al demo de Mirrinunte, de la tribu Pandiónide.

17 De las dos obras del mismo nombre y del mismo autor hay perdidas: "Melanipa la sabia" y "Melanipa cautiva". Se refiere a la primera. Cf. fr. 484 Nauck.

18 Se refiere al célebre sofista Pródico de Ceos, cuya parábola "La elección de Heracles" era muy celebrada.

19. *Teogonía*, vv. 116 y sigs.

20 Logógrafo y mitógrafo de Argos, que floreció hacia 475 a. de J. C. Escribió genealogías en prosa, siguiendo a Hesíodo.

21 Parrménides de Elea, discípulo de Jenófanes y célebre filósofo. El fragmento citado pertenece a su poema "Sobre la naturaleza" y es citado también por Aristóteles, *Metafísica*, I, 4, 984a23.

22 El mito de Alcestis puede verse en la tragedia de Eurípides del mismo nombre. Aparte de este autor, Frínico en 438 a. de J. C. y Antífanes en 354 a. de J. C. trataron el tema en sendas tragedias.

23 La leyenda de Orfeo puede verse en *Paus.* IX, 30; *Virg., Georg.*
IV, 454; Ovid., *Met.* X, 1. Fedro interpreta el mito desde un punto
de vista oratorio, igual que el de Alcestis, en defensa de su tesis.

24 El primero en mencionar "Las islas de los Bienaventurados",
lugar donde van las almas de los héroes muertos en el comba-
te, es Hesíodo, *Trab. y días*, 165 y sigs. En Homero, sin embargo, no existe esta diferencia *post mortem*, y tanto los héroes como
los hombres vulgares arrastran una miserable pervivencia de
sombras en el Hades. Cf. *Odisea* IX, 467 y sigs., donde Aquiles
aparece en el Hades, y Erwin Rohde: *Psyche* II, 364 y sigs.

25 Alusión a *Los mirmidones*, tragedia perdida. Cf. fr. 135 Nauck.

26 El nacimiento de la primera de estas diosas puede verse en
Hesíodo, *Teogonía*, 117 y sigs. La sangre de Urano, mutilado
por Crono, al caer en el mar dio origen a la diosa (de ahí la
etimología popular: Aphrodita, la emergida de la espuma del
mar [ἄφρος *(áphros)*] según otros la que camina sobre la espuma del mar), motivo por el que Pausanias dice que no tuvo
madre. La otra Afrodita creada por un mito más reciente fue
llamada Πάνδημος *(Pándemos)* 'protectora de todos los demos'.
Posteriormente se dio a este sobrenombre un sentido peyorati-
vo, equivalente a Πάνκοινις *(Pánkoinis)* ('vulgar') y en la época de Platón se consideraba a esta Afrodita como *Venus Meretrix*,
patrona de las heteras y protectora del amor carnal, mientras
que la otra era un símbolo del amor puro y espiritual.

27 Los célebres tiranicidas que dieron muerte, en 514 a. de J. C., al
hijo de Pisístrato, Hiparco. Eran tenidos en Atenas por márti-
res del amor y de la libertad y se les honraba con un culto especial. Aristogitón era el *erastés* (amante) y Harmodio el *erómenon*
(amado), de ahí el ἔρως *(éros)*, amor del primero y la φιλία
(philía), amistad o afecto del segundo.

28 Burnet y otros editores rechazan del texto la palabra φιλο σοφί
ας *(philosophías)* que probablemente es una glosa. Los que la
mantienen la consideran genitivo subjetivo dependiente de "vituperios".

29 Reminiscencia homérica. *Il.* II, 71.

30 Juego de palabras al estilo gorgiano con paronomassia (reite-
ración parcial de idénticos sonidos) 'homoioteleuton' (identico
sonido final) e 'isocolia' (idéntica estructura métrica).

31 Emplea Erixímaco en su definición de la medicina los térmi-

nos πλησμονή (*plesmoné*) repleción, y κένοσις (*kénosis*) evacuación, que se encuentran también en Hípócrates, y substituye el término específico ἐπιθυμία (*epithymía*), 'deseo', por el más amplio de ἔρως (*éros*) 'amor', de acuerdo con el tema propuesto.

32. Alusión a Homero y a otros poetas, sugerida por la presencia de Agatón y de Aristófanes.

33 Cf. Heráclito, fr. 61 D - K. El objeto del símil es poner de manifiesto que lo Uno, el Universo, es mantenido por el equilibrio de tensiones opuestas. Así, el movimiento de la flecha se origina de las dos tensiones opuestas del arco y de la cuerda, de un acuerdo o una armonía de fuerzas físicas. Igualmente, la melodía, la armonía en sentido musical se produce de las vibraciones que imprime el plectro en la cuerda de la lira.

34 Sabida es la importancia que tenía en Grecia la música en la educación de la juventud, y sus efectos psicológicos no le han pasado inadvertidos a Platón, *Rep.* II, III; *Ley.* II, VIII.

35 Por hablarse aquí de artes, sustituye Erixímaco las dos Afroditas por dos de las nueve musas. La elección de Urania (pese a que propiamente es tan sólo protectora de la astronomía) la determina la identidad de nombre con la Afrodita correspondiente; la de Polimnia la diosa de los múltiples himnos, por estar en consonacia la primera parte de su nombre con el de Pandemo.

36 La astronomía formaba parte del cuadrivio pitagórico, juntamente con la aritmética, la geometría y la música, de la que era considerada hermana y engloba aquí lo que hoy llamamos meteorología.

37 Aristófanes, que no ha podido por menos de desempeñar su papel de gracioso a propósito del incidente del estornudo, comienza su discurso prosiguiendo irónicamente los conceptos y las palabras de Erixímaco.

38 Es decir, "hombre-mujer".

39 Parménides consideraba el sol como el elemento masculino del universo, la luna como el femenino y la tierra como el resultado de la unión de ambos.

40 Homero, *Il.* V, 385 y sigs., y *Od.* XI, 305 y sigs. Hijos gigantescos del tesalio Aloeo, que encadenaron a Ares e intentaron escalar el cielo para derrocar a Zeus.

41 He traducido por "contraseña" la palabra σύμβολον (*sýmbolon*)

(la *tessera hospitalis* de los romanos), dado o tablilla partida en dos, cuyas mitades guardaban los individuos unidos por el vínculo de hospitalidad para reconocerse mutuamente juntándolas.

42 Se alude·al parecer al διοικισμός *(dioikismós)* disgregación política de Mantinea en 385 a. de J. C. por los lacedemonios. Evidente anacronismo (pues el banquete presente se supone celebrado en el 416 a. de J. C.) y que según los críticos puede servir para señalar la fecha de composición de esta obra.

43 En el original dice "lispas". Por la Suda sabemos que las lispas eran astrágalos (tabas o dados) serrados por la mitad y su finalidad era la misma que la de los símbolos. Cf. nota 41.

44 Me aparto aquí del texto de Burnet y acepto la sugerencia de Bury ὅσον *(hóson)* en vez de ὅς *(hós)*.

45 Ironía de Aristófanes, como puede verse por la descripción que hace de Agatón en su comedia *Las tesmoforiantes*, vv 31 y sigs.

46 Titanes mencionados en Hom. *(Il.* VIII, 479 y sigs.) y proverbial expresión para denotar algo sumamente antiguo.

47 Para refutar la tesis de Fedro, Agatón aduce el testimonio de los mismos autores pero en pasajes diferentes. *Teogonía* 167 y sigs. y 746 y sigs. De Parménides no se conserva ningún fragmento en apoyo de la tesis de Agatón.

48 *Il.* XIX, 92-3. Ate, la temible diosa, hija de Zeus, que infunde en los hombres la locura que los conduce a la ruina.

49 Cita de Alcidamante, discípulo de Gorgias, según se desprende de Aristot., *Ret.* III, 1406 a 18.

50 Razonamiento vicioso en el que se juega con los dos significados de κρατεῖν *(krateîn)* (vencer, dominar) y κρεῖττον εἶναι *(kreîtton eînai)* (ser *más* fuerte), intercambiándolos.

51 Sófocles, *Tiestes*. Fr. 235 Nauck[2].

52 Eurípides, *Estenobea. Fr.* 663 Nauck[2].

53 Cita de un poeta desconocido.

54 Homero, *Od.* XI, 632. Juego de palabras entre Gorgias y *Gorgo* (Gorgona).

55 Verso famoso (612) del *Hipólito*, de Eurípides.

56 "Amor de una madre o de un padre", tres interpretaciones se han dado de este genitivo. a) Genitivo subjetivo: amor que siente una madre; b) genitivo objetivo: amor por una madre; c) genitivo de origen: y no pregunto si tiene una madre o un pa-

dre. He preferido mantener en castellano la anfibología del texto griego con el carácter ambiguo de nuestro genitivo.

57 La historicidad de Diotima ha sido discutida modernamente. Wilamowitz, Bury, Robin, opinan que es un personaje ficticio introducido por Platón en el diálogo por motivos literarios: Sócrates, por cortesía, finge haber sido también refutado de los mismos errores que su anfitrión por una sapientísima mujer de Mantinea, que en tono profético le revela los misterios del Amor. El nombre mismo de ésta: Diotima 'la que honra a Zeus' y el adjetivo *Mantiniké* (de Mantinea) que parece implicar el nombre de *mantiké*, arte adivinatoria (Marsilio Ficino traduce 'fatidica muliere') inclinan a pensar, según estos autores, que el personaje es puramente simbólico, un paralelo de la Aspasia del Menéxeno y del armenio Er de la República. Nos encontramos, pues, concluyen, con un nuevo mito platónico. Kranz, en cambio, se muestra decididamente partidario de su historicidad.

58 Traduzco por "genio" la palabra δαίμων *(daîmon)* y el adjetivo δαιμόνιος *(daimónios)* por "genial" ya que la palabra "demonio" tiene en castellano un sentido demasiado específico y no corresponde bien a la acepción primitiva. Homero emplea esta palabra en el sentido general de divinidad. En Hesíodo son δαίμονες *(daímones)* los espíritus de los hombres que vivieron en la edad de oro. En otras partes aparecen como divinidades de tipo inferior (buenas o malas) y algunos escritores emplean δαίμων *(daîmon)* como equivalente de θεός *(theós)* dios.

59 Aquí la palabra filósofo, como en algunos otros lugares de este diálogo, se emplea en su acepción etimológica de 'amante de la sabiduría'.

60 En griego ποίησις *(poíesis)* significa tanto 'creación, producción' en sentido genérico, como 'poesía' en sentido específico, y lo mismo ποιητής *(poietés)* 'creador o poeta'.

61 Cita probablemente de un texto desconocido.

62 Moira es la Suerte (Parca) que con Ilitiya, la divinidad que protege los partos, asiste al nacimiento de los hombres. El oficio de ambos lo desempeña, según Diotima, Calone (la Belleza).

63 Hexámetro de autor desconocido.

64 Me aparto de Burnet y acepto la corrección θείος *(theíos)* o mejor ἔνθειος *(éntheios)* 'divino o inspirado' por la divinidad, en vez de εἴθεος *(eítheios)*, 'célibe, soltero'.

65 Traduzco el término μονοειδής (*monoeidés*), que denota que es el único individuo de su clase por 'específicamente una', siguiendo a Bury.

66 Más de dos litros y cuarto.

67 *Il.* XI, 514.

68 Los silenos, como los sátiros, eran divinidades del séquito de Dioniso con características físicas muy semejantes a las de estos últimos. Aquí se trata probablemente de unas cajas de madera que figuraban silenos y que guardaban dentro de sí imágenes de divinidades. Muy conocido es el mito que cuenta la rivalidad del sátiro Marsias, inventor de la flauta, con Apolo, inventor a su vez de la cítara. Olimpo fue discípulo y amado de Marsias.

69 Los Coribantes eran sacerdotes de Cibeles en cuyo honor celebraban un culto orgiástico con música y danzas frenéticas.

70 Alcibíades mezcla dos refranes alusivos a la veracidad del vino y de los niños. El concepto de *in vino veritas* era un tópico entre los antiguos.

71 Frase de ritual en los misterios órficos, que proclamaba el silencio místico al llegar a un punto en las ceremonias que sólo los iniciados tenían el derecho de escuchar.

72 Expresión homérica: *Il.* VI, 234.

73 Ciudad que se rebeló contra Atenas en el 432 a. de J. C. con la ayuda de Corinto. Asediada en ese mismo año por los atenienses fue tomada el 430-29 a. de J. C.

74 Hom. *Od.* IV, 242.

75 Batalla que tuvo lugar en 432 a. de J. C. y que precedió al sitio de Potidea. Platón la menciona al principio del *Cármides*.

76 Lugar de Beocia donde sufrieron una catástrofe los atenienses al mando de Hipócrates a manos de los tebanos, mandados por Pagondas, en 424 a. de J. C. Laques es un general ateniense, a cuyas órdenes combatió Sócrates en Delión. Murió en 418 en la batalla de Mantinea y ha dado nombre a un diálogo de Platón.

77 *Nubes*, 362.

78 Brásidas es el famoso general espartano que tomó Anfípolis en 422, donde murió juntamente con Cleón, el célebre demagogo, que mandaba las tropas atenienses. Néstor y Antenor son personajes homericos, célebres por su prudencia y su elocuencia.

79 Cármides era descendiente de Solón y tío paterno de Platón.

Ha dado nombre a un diálogo del filósofo. Eutidemo, el hijo de Diocles, no debe ser confundido con el sofista que aparece en la obra de Platón del mismo nombre.

80 Se alude a un famoso refrán: "el tonto aprende padeciendo", que aparece formulado en Hesíodo, *Trab. y días*, 218, y del que se encuentran referencias en Homéro, Heródoto, Esquilo y Sófocles.

81 El Liceo era un gimnasio consagrado a Apolo Liceo, situado en el suburbio oriental de Atenas.

Índice

Este libro se terminó de imprimir en el mes
de agosto de 2002 en los talleres gráficos
de GEA S. A. – Santa Magdalena 635
Buenos Aires – Tel. 4302-2014